丛书编委会

编　　委：张建军　张　路　张晓斌　李　毅　南　方
　　　　　贺　伟　高　红　陶　伟　董午志

顾　　问：孙葆洁　辛少英　张　斌　张鹏宇

本册主编：徐　阳　王　兴

执行主编：徐庆群　黄轶凡　阮宏波

本册编辑：刘　昆　孙若冕　高阳光　唐维维　高　寅

图片提供："踢球吧少年"新媒体云平台

鸣　　谢：中央电视台体育频道《谁是球王》栏目组

　　　　　人民出版社读书会

　　　　　东城校园足球发展联盟

　　　　　阳光三高足球俱乐部

　　　　　北京市八一中学

　　　　　北京市第五十四中学

　　　　　中安控股有限公司

　　　　　成都市广播电视台

　　　　　"云动重庆"——重庆体育云平台

嗨皮带你去踢球
之入门级
视频图文书

徐阳　王兴　编著

人民出版社

序一

中国足球，五味杂陈，映射现实淋漓尽致，一波风浪后，远远望去，似乎更有些生气了。关于足球变革，看法体会自有高下之分，有人提出那是民族身心灵之变，有人说蕴含着社会变革的萌芽，足球担当之重甚至超乎以往。中国之变，往往会引来世界围观，这一次的主题居然是足球。英文世界里关于中国足球的报道我基本上都看过了，大多浅尝辄止，对于外人我们不能要求太高，表面文章看起来也轻松愉快。《金融时报》近日一篇特稿，思量着让世界有些惊诧的中国足球，题目是《热爱与金钱》，点位抓得基本准确。

总会有人劈头就问——怎么才能搞好中国足球？我往往囧得不行，干了这么多年足球报道，似乎应该是成竹于胸，但每一次回答总是磕磕绊绊，听者并不过瘾，怎么都是些陈词滥调？我的标准答案是，更多人爱看足球，爱踢足球，全社会对于足球规律的践行具有现代化的保障体系，剩下就自然生长吧，谁也别急。

2004年夏，亚洲杯决赛在工体上演，我在北四看台的狭小演播室里眼睁睁看着日本队从容击败作为东道主的我们。这么多年了，我始终记着自己说了些啥，"不仅是中国足球输给了日本，究其根本是中国的现代化输给了日本"。这是我切身感受，无须掩饰，球迷听到了也不会上街闹事。这么多年了，我坚信自己找到了接近问题根本的路径，但始终徘徊不前，未有精进，感悟往往隔着一层。

2009年，中国足球变革之始，除旧布新陆陆续续，如今回看，早已物是人非。大事不断，但距离大都很远，看不真切，反倒是一些小事就在身边，至今难忘。大力发展青少年足球，谁人发轫改革，都会不遗余力，中国足协也痛感全国性青少年培养体系落后不堪，发力要搞出一套标准教材，遂遍邀名宿专家济济一堂，群策群力一番。代表们极为认真，据说讨论分外热烈，教材大方向如何确定自始至终未能达成一致。会议的组织者向我痛陈工作艰辛时，我在遗憾没能有一架摄像机记录全过程，到底分歧在哪里呢？至今我也没有答案。

远学欧美，近学日本，中国足协真有心为全国踢球的人们提供一本标准的教学大纲，就像日本一样。我的朋友中有位有心人揣着日本的教材四处找人推荐，想翻译出来报效祖国，他逢人便说，日本人用一本全国统一教材统领全民足球基础概念，更为关键的是，他们居然完成了全国青少年足球教练的全员培训，日本足球乃至日本现代化的力量尽显无遗。

　　去年底，有幸感受内蒙古的足球改革推动，政府决心巨大，投资不小，全区足球特色学校600多所，数量居全国之首。考虑到内蒙古冬季漫长，孩子们几乎有一半时间不太可能在户外自由踢球，因此学校的场馆建设成为成败关键之一，区里领导决策迅速，每所特色学校拨款100万元建设场地设施，总计超过6亿元。这可不是个小数，需要在区里的教育经费中特别支出，不到一周时间，600多所特色学校的校长们就惊喜地发现，100万元神速到账了，下一步如果场馆再不到位，就要问责了。6亿多元投资基本上是还账吧，还此前体育设施投资不足的债，也算是公德一件。不是有那么一句话嘛，能用钱解决的问题都不叫事。内蒙古足球改革确也如此，区里上下最愁苦的事情当属足球教练员的严重匮乏，全区1万名体育教师并非人人会踢球，整体转型为足球教练根本不现实，靠中国足协培训发证，那必将是旷日持久。再者，全区的孩子很难获得一本统一像样的足球教材，标准化教学根本无从谈起。基层之苦，往往令大局难成。

　　有需求，就会有供给，本书便是最新例证。我想当下各类足球教材必是风起云涌，恕我见识不广，这本小书算是极为用心的，仔细翻阅，你会发现编者是花了笨功夫的，诚意就在字里行间和每幅图片之中，不浮躁，做正事。为孩子做示范的都是名家，张路老师本工该是青训专家，当年奔走各地，推广青少年足球，是顶层设计时不可多得的智慧贡献者，他如今还能亲自给孩子们示范，令人感佩之至。徐阳志存高远，蛰伏在话筒前，对于足球高级智慧如饥似渴，镜头前他已经相当娴熟自在，未来他成为一代名帅还需翻越万水千山，路途中尽心扮演足球少年们的开蒙导师也是不错的人生之选。大帝、陶伟和董午志也都是有心人，一招一式入眼入心。

此书编者洞察时代，让一本薄薄的册子有了无穷的拓展，静气中多了几重气象，二维码和社交媒体的灵巧运用，让孩子们以及家长和老师能更为多元地感知到足球教学的魔法所在，是一本能玩儿得起来的好教材。偌大中国，一代人开始被召唤，被推动着亲近足球，自此一生中播下了热爱足球的种子。足球虽为竞赛运动，但根本还在教育，让孩子在刻板重复中追寻自由，在奔放中学会服从规则，在成败间懂得担当。

我始终坚信，运动传承大多是因循血脉相传，父亲本应是孩子第一位足球教练，英足总在推广青少年足球时也曾痛感教练匮乏，因此号召爸爸们能够挺身而出在社区中担当教练之职，再不济，挥舞着衣服当个助理裁判也行啊。因此，这本书同样适合爸爸妈妈们，先预习一下，孩子们的第一位足球领路人就是你们。祝本书大卖，每个热爱足球的家里都有，每个热闹的课堂里都有。此种正事，总得有人做，总得更多人要做。

2016 年 5 月

③

序二

对于热爱足球、喜欢踢球的孩子，这是一本不错的启蒙教材。跟着那些优秀的运动员，大家可以学习规范的足球技术，练上几个月，就可以踢得有模有样了。

我更提倡爸爸妈妈们先按图学习，再教给孩子，一家人一起游戏、一起锻炼，享受足球带给我们的健康快乐！

学会足球技术这不是全部，我们要更多地参加小场地比赛，把学到的技术运用到比赛中，这样技术才能真正发挥作用。

在比赛中要动脑子思考，要创造性地发挥，要在对抗中快速运用技术，你就会成为一名优秀的足球运动员！

2016年5月

目　录

前　言

《嗨皮带你去踢球之入门级》是基于"踢球吧少年"新媒体云平台而组织编写的一本带有魔力的足球入门级教材。我们聘请全国知名足球专家徐阳、张路、李毅、陶伟、董午志等为该书撰写、拍摄视频、照片。全书分为5个训练单元，30多组原创足球动作教学视频、200幅真人教学图片并提供配套视频二维码信息，读者通过该书能循序渐进地掌握足球基础动作、快速入门。

除正规动作介绍外，该书还设有多个集互动性与趣味性的教学板块，例如：足球英语角、足球趣闻、踢球好习惯、足球励志故事、阶段性目标、趣味小游戏等，在足球正规教学的同时还能丰富读者的足球知识面与业余文化生活。除此之外，本教材深谙互联网时代的用户需求与互动体验心理，将纸质教材与互联网云端互动平台完美结合，读者不仅可以通过扫二维码观看原创足球教学视频，还可通过扫码关注"踢球吧少年"微信公众平台，与明星教练进行一对一答疑。除常规教学项目外，读者还可以上传自己技术动作至云端平台，接受明星教练的远程指导。

同时，读者完成教材中规定的阶段性挑战后更可赢取丰富足球奖品。因此，无论从教学材料选择、教学内容编写的角度，还是编者基于互联网技术对足球教学深度探索的角度，《嗨皮带你去踢球之入门级》都是一本带有神奇魔力的足球入门教材，帮助孩子快速入门。

明星教练介绍

HELLO~大家好！我是"踢球吧·少年"的吉祥物嗨皮，小伙伴们一定要记住哦~因为在接下来的足球世界中，我将一直陪伴在你的身边，和你共同学习成长，更希望你们能像我的名字一样，在足球的世界中找到快乐和幸福！

徐 阳

中国国家队前足球运动员

现为中央电视台体育频道足球解说嘉宾。

球员时代曾效力八一、北京国安以及山东鲁能，司职中场，后转做评论员。退役之后，转投体育媒体。作为央视足球解说嘉宾，其评论较为客观，逐渐受到球迷朋友们的喜爱，从职业球员变身为著名足球评论员。

张 路

中国资深足球节目评论员

1979年在北京体育科研所工作，后升任副所长。

1996年进入国安足球俱乐部任总经理，现任北京国安俱乐部副董事长。

其足球理论造诣深厚，评论富有激情，解说专业精辟。

2005年12月5日，意大利驻华大使亲自向张路颁发了意大利"仁惠之星骑士勋章"。张路是第一位获得这一殊荣的中国体育界人士。

李 毅

中国国家队前足球运动员

职业球员时代先后效力于北京国安、深圳平安等多家中超及甲A俱乐部，是深圳俱乐部2004年获首届中超联赛冠军的主力球员。

2003年获得末代甲A金靴奖。

陶 伟

中国国家队前足球运动员

早年入选健力宝青年队，赴巴西留学。归国后效力于北京国安队，入选过国奥队、国家队。

2009年赛季出任国安队助理教练兼球员，并随队获得中超联赛冠军。

2008—2009赛季结束后退役，赴西班牙留学。

现任北京国安俱乐部教练组成员。

董午志

北京体育大学校队原队长 足球系硕士

现为中央电视台体育赛事频道CCTV-5足球解说嘉宾。

北京电视台体育频道《足球100分》节目技战术分析师，担任技战术解析及讲解。

新浪网足球战术分析师，新浪体育《体育专栏—竞技场》专栏作者。

"新英体育"英超赛事直播解说嘉宾。

第一篇 热身

在训练或比赛开始之前，先做一段时间的热身运动，这对身体进入状态和提升注意力都是很好的准备。合适的热身运动可以给大脑以刺激，让你的神经和肌肉为更激烈的运动做好准备。合适的热身运动还可以使肌肉进入较为兴奋的状态，避免运动中突然用力而拉伤肌肉。许多其他的运动损伤也可以通过正确的热身来预防。

热身流程和目的：暖身+拉伸肌肉+提高兴奋性

慢跑

先从小步跑开始，逐渐加快速度，跑到感觉身体欲出汗或微出汗为止（一般5-10分钟左右）。

建议大家养成踢球前慢跑一段时间的习惯，这一方面可以兴奋肌肉和神经系统，令血液循环系统进入适应运动状态，另一方面也可以使身体适应运动环境。

徐阳示范慢跑

［徐阳，中国国家队前足球运动员。现为中央电视台体育频道足球解说嘉宾。］

慢跑小游戏

[快速组队]

慢跑训练是较为枯燥无趣的，但又是增强体能所必需的。适当加入游戏内容，可以减少这种枯燥无趣。

参与游戏的人数为10人，在慢跑过程中由教练员突然发出指令，例如"3人一组"，队员需按照指令自行快速寻找结组伙伴并结成3人一组，10人情况下快速结组可以产生3组，单独余下的一名小队员要接受适当的"惩罚"。以此类推，依据参与慢跑的人数不同，可以"2人一组"甚至"5人一组"。

这样的训练游戏既可以锻炼小球员们的反应能力，也可以锻炼他们的瞬间观察能力和注意力的集中，增强了跑步的趣味性。

[贴人]

首先，所有参与训练的小球员围成一个圆圈，然后按"1"和"2"报数，报"1"的小球员背向站在报"2"的前面，继续围成一个圆圈。先找两名小球员做示范，一个小球员跑，另一个小球员追，跑的那位球员贴到哪个球员前面，这组小朋友身后的那位就开始跑。

如果跑的那个小朋友被抓，这个小朋友就要反过来抓刚刚追他的那个小朋友……

依次循环（可以增加难度，规定只能从后面贴）。

拉伸

● 头部拉伸

1

双脚与肩同宽度站立，脚尖向前，头部向右（左）倾斜，用右手抱住头部向右（左）下方向按压，拉伸颈部肌肉，坚持10-15秒。这样做的目的，是防止颈部在训练和比赛过程中扭伤。

2

双脚与肩同宽度站立，脚尖向前，头部用力向上扬起，坚持10-15秒。这样做的目的，同样是防止颈部在训练比赛过程中扭伤。

3

双脚与肩同宽度站立，脚尖向前，收紧下颚，低下头部，用双手抱住后脑向前下方向按压，坚持10-15秒。这样做的目的也是预防颈部在训练或比赛过程中扭伤。

踢球好习惯：做完肩部拉伸可以转动肩部放松。

● 肩部拉伸

1

双脚与肩同宽度站立，脚尖指向前，右手臂用力向右伸直，同时左手抱住右手臂，坚持20秒左右，左右都要拉伸。这样做的目的，是使小球员在训练比赛当中摆臂发力更自然，避免运动中受伤。

2

双脚与肩同宽度站立，脚尖指向前，双肘往上抬到头部高度，左手握住右手臂，右手按左手肘关节，用力适中，坚持20秒左右，左右都要拉伸。这样做的目的，是使小球员在训练比赛当中摆臂发力更自然，避免运动中受伤。

拉伸

● 腰部拉伸

● 大腿拉伸

入门小贴士：
如果单腿站不住，可以找同伴，两人相向扶住。如果能站住，一只手也可以同时拉伸头部。

双脚与肩同宽度站立，脚尖指向前，双手高举在头上互握，用力向上拉伸身体（身体腰部往后倾，感觉腰部有明显拉伸感），坚持20秒左右。这样做的目的是拉伸腰部肌肉，避免运动中受伤。

单脚站立保持身体直立，活动腿屈膝，右（左）脚用力向后抬高，用同侧的手扳住，感觉到大腿前侧有拉伸感，静止不动，坚持10秒左右。左右腿都要做。这样可以拉伸大腿肌肉群，有效被防止剧烈运动时大腿肌肉被拉伤。

入门小贴士：
做这个动作的时候，同时把头部往上扬起，也会有拉伸颈部的作用哦。

足球冷知识

如果足球比赛时，场地跑进一条狗，球员一脚射门，打到狗身上弹进球门，进球有效。

如果足球比赛时，场地跑进一个球迷，裁判未吹停比赛，球迷得球射门进球，也算有效。

2

单脚站立保持身体直立，右（左）脚用力向上盘抬起，用双手扳住抬起脚，感觉到大腿内侧有拉伸感，静止不动，坚持10秒左右。左右腿都要做。这样做可以拉伸大腿内侧肌肉，防止剧烈运动时大腿肌肉被拉伤。

3

一条腿迈步向前，屈膝，双手放于屈膝腿膝盖上，上身挺直，双手按压膝部，后腿往后尽量拉伸直到极限，静止不动，坚持20秒，然后换腿。这样可以有效拉伸大腿后侧，有效防止剧烈运动时大腿肌肉被拉伤。

拉伸

● 小腿拉伸

左（右）腿支撑直立，右（左）脚前迈一小步，右（左）脚脚尖翘起，俯身弯腰向下，右（左）手臂用力去触摸翘起的右（左）脚尖，感觉小腿有拉伸感，坚持20秒，换左脚。这种拉伸可以拉伸小腿肌肉群，能有效防止训练和比赛中出现"抽筋"。

入门小秘诀：
有的训练者刚开始做这个动作的时候会有明显的痛感，这是正常现象，不用害怕。这个动作同时也会拉伸到膝盖。

● 手腕和膝盖拉伸

1 手腕：双脚与肩同宽度站立，脚尖向前，双手十指交叉，用力向里收缩，感觉手腕和手指有拉伸感，静止20秒。这一拉伸动作可起到拉伸手腕、手指的作用，防止运动中戳伤。

2 膝盖：双脚屈膝，身体呈半蹲状，双手放在膝关节上，向内旋转10圈，向外侧旋转10圈。这样做的目的，是让膝部的小肌肉群充分活动预热，在运动中保护膝关节。

拉 伸

● 综合性拉伸

单膝跪地，左（右）腿向两边伸展，左（右）手放在左（右）大腿上，右（左）手叉腰，身体挺直向左（右）侧，这个动作可以起到拉伸腰部、大腿的作用。

单膝跪地，右（左）腿向两侧侧前方伸展，右（左）脚脚尖翘起，右（左）手全力去摸右（左）脚脚尖，静止不动，坚持10秒后换脚。这个动作可以起到拉伸脚踝、小腿作用。

双手撑地，双脚向后伸展，右（左）脚搭在左（右）脚脚后跟上，感觉双手手臂和小腿以及脚腕有明显紧绷感后，静止不动，20秒后起身。这个动作的目的是拉伸肩部、小腿、脚腕，防止受伤，同时也有放松这些部位肌肉的功能。

入门小秘诀：
各位小球员在参加正式比赛之前，尽量做一些综合性拉伸动作，这样对比赛有很大帮助。

SUPER STAR

绿茵巨星——贝利(Pelé)

贝利被誉为20世纪最伟大的体育明星之一，他是足球历史上第一个真正意义上的统治者。贝利在职业生涯中共打进1283个球，并且凭借自己出色的表现帮助巴西队三夺世界杯冠军，是足球圈公认的第一代"球王"。

贝利是典型的从巴西贫民窟走出的巨星，其家境拮据，从小只能赤脚踢球，在被桑托斯队球探选中后，开启了自己辉煌的职业生涯。贝利的足球天赋惊人：超凡的平衡能力、宽阔的视野以及惊人的控球能力，都是他的"武器"。从1956年到1974年，贝利在桑托斯队效力了18个赛季，共夺取11次圣保罗州联赛冠军、6次巴西杯冠军、2次南美解放者杯冠军、2次世界俱乐部杯冠军。其间，贝利11次获圣保罗州联赛最佳射手称号。

4 臀部着地，右（左）脚向内侧收，左（右）腿向前伸展，身体挺直，感觉右（左）侧大腿和右（左）小腿有紧绷感后，静止20秒 换腿。这个动作可以放松大、小腿肌肉群，防止抽筋和拉伤。

5 后背着地，头部扬起，右腿大腿内收，双手抱膝尽量向上收紧，感觉大腿有明显紧绷感后，静止20秒，换左腿，重复上述拉伸。这个动作有放松大腿肌肉群、防止抽筋的作用。

行进间拉伸

● 小步跑

跑动时，上身挺直，将重心降低，步幅要小，步频尽量快一些，跑动中双臂自然摆起。因为足球运动需要经常使用小步伐技术动作，所以，行进间的小步跑可以在无球的情况下提前准备，从而更好地为即将参与的训练和比赛做准备。

为什么要做行进间热身？
首先，无球的行进间热身可以提高人体神经、肌肉系统兴奋程度，使身体快速进入训练或者比赛状态，同时，行进间热身也能起到拉伸肌肉、防止受伤的作用。

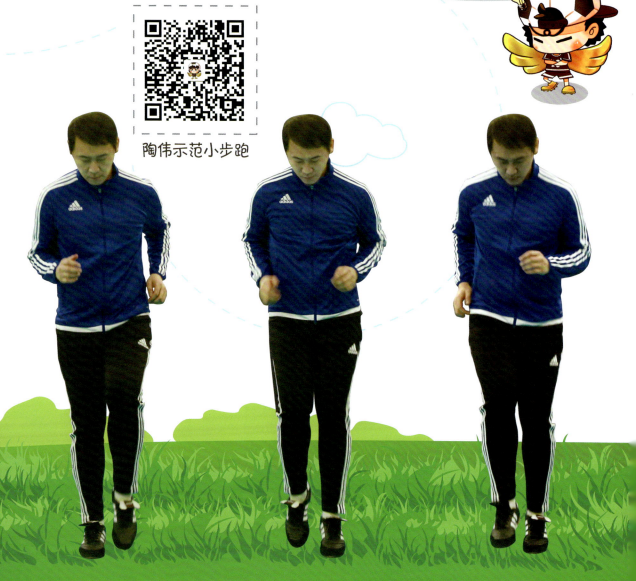

陶伟示范小步跑

[董午志，中央电视台体育赛事频道CCTV-5足球解说嘉宾，新浪网足球战术分析师，新浪体育《体育专栏—竞技场》专栏作者。]

绿茵歪果仁

足球场上运动员的基本位置：

后卫：back

例句：He is a full back of our football team.
他是我们足球队中的后卫。

前卫、中场：midfielder

例句：Arsenal midfielder Gilberto Silva is mulling over an offer from Juventus.
阿森纳中场吉尔伯托·席尔瓦正在考虑来自尤文图斯的报价。

● 扩胸运动

上身挺直，小臂内收、大臂外展，然后小臂伸直，大臂再次外展，这个动作的目的是拉伸手臂和肩部，防止训练比赛中这两个部位受伤。

陶伟示范扩胸运动

行进间拉伸

● 踢腿运动

上身挺直，在行进过程中，大腿带动小腿向上踢，然后换腿。这个动作的目的是在行进过程中找到踢腿的感觉，在无球情况下为接下来训练比赛中传球、射门动作找感觉，也能更好地提高有球运动时的兴奋性。

陶伟示范踢腿运动

餐桌的神秘力量

[肌糖原的恢复咒语]

在高强度的足球训练和比赛中，人体会流失大量的肌糖原。因此，在训练间隙，运动员们会吃一些平时不常吃的高热量食物，补充运动中损失的肌糖原，例如：甜饮料、巧克力、香蕉等含糖量高的食物。这些看似不够健康的食物其实是恢复肌糖原的餐桌咒语哦！

● 转体运动

上身挺直，小臂内收，在行进过程中以腰部为中心90°向两侧转体。这种热身能更好地拉伸腰部，有助于训练比赛中腰部动作的发力，同时，防止腰部受伤。

想一想：
做完无球行进间热身，你会不会迫不及待地想去踢球？

陶伟示范转体运动

行进间拉伸

● 静蹲跳起

身体蹲在地上静止3秒，然后全力向上跳跃，落地后加速向前冲刺跑，这样做的目的是在下蹲起跳过程中拉伸肌肉，模拟训练比赛中的场景，让全身更好地进入状态。

陶伟示范静蹲跳起

绿茵歪果仁

足球：football, soccer
例句：Football is a team game.
足球是一项集体运动。
足球场：field, pitch
例句：The football field is enclosed by a wall.
足球场被一道墙围了起来。

● 防守步

双腿半蹲，重心下移，双脚前后站立，以"Z"字形向后移动，这个动作的目的是在无球状态下模拟防守动作，提升场上位置感。

陶伟示范防守步

行进间拉伸

● 转胯运动

在行进过程中，大腿上提至腰部后，由内侧向外侧转胯。这个动作的目的是拉伸大腿肌肉，为接下来训练或比赛中的传球、接球动作做准备。

陶伟示范转胯运动

绿茵歪果仁

中场：midfield
例句：Oliva is the key man in the midfield and the striker.
奥利瓦是中场核心和射手。
中圈：kickoff circle，center circle
例句：Defensive players must be outside the center circle.
防守球员必须在中心圆外

● 跳跃头球

无球状态下模拟的跳跃头球动作，目的是拉伸肌肉，唤醒身体对跳跃头球动作的肌肉记忆。

陶伟示范跳跃头球

行进间拉伸

● 振臂运动

在行进过程中，上身挺直，大臂带动小臂尽量向上、向后摆动。注意不要"顺边"，左脚出右臂，右脚出左臂，该活动的目的是拉伸肩部和上臂的肌肉。

董午志示范振臂运动

热身训练趣味小游戏

目的：提高热身过程中的趣味性，锻炼小球员的区域感和位置感，提高热身运动中的注意力等。

用锥桶摆成一个三角形：位置ABC
A-B间 行进间踢腿
B-C间 行进间振臂
C-A间 行进间扩胸
D区域是静止拉伸区域

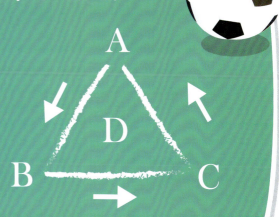

绿茵巨星——克鲁伊夫
（Johannes Cruijff）

克鲁伊夫是荷兰全攻全守足球的代表人物，曾三次获得"欧洲足球先生"殊荣。他球风优雅，速度奇快，盘控娴熟，因经常在比赛场上上演神来之笔，被誉为"飞翔的荷兰人"。

克鲁伊夫出生在阿姆斯特丹的平民区，年幼的克鲁伊夫曾因身体柔弱、对抗能力差等原因差点离开阿贾克斯少年队，退出绿茵场。但为了不辜负含辛茹苦的母亲的期待，他决定向命运发起挑战，立志一定要通过自己的优异表现，赚取奖金，养家糊口。功夫不负有心人，属于克鲁伊夫的时代终于来临……职业生涯中，克鲁伊夫共获得9次荷甲联赛冠军，欧洲冠军杯三连冠、6次荷兰杯冠军及数不清的其他奖杯，他本人也被评为20世纪荷兰最伟大球员。

值得一提的是，克鲁伊夫的教练生涯同样辉煌，他亲手奠定的"巴萨足球风格"，至今仍影响着横扫世界的巴塞罗那队的球风。

第二篇　球　感

球感也叫"球性"，它是从事足球运动、掌握足球技巧的基础。所有优秀的足球运动员，无一不拥有极佳的球感，他们可以"随心所欲"地控制住皮球。良好的球感也是很多球场上炫目"花活儿"的基础，所以，都来试试培养出良好的球感吧！培养球感可是熟悉足球的最佳方式！另外，培养良好的球感也是在为以后的足球发展打下扎实的基础。当然，与所有的学习一样，这还是个不断挑战自己的过程！

好吧，虽然开始会有点难，但是跟足球交朋友的过程却很有趣！随着双脚熟练颠球、晃球、踩球、拨扣球，你可以提高对球的控制力。你会发现，足球更加可爱了！

1 用正脚面部位触球

2 绷紧脚踝，小腿向上摆动，踢球底部中央位置

3 目视足球，注意力集中

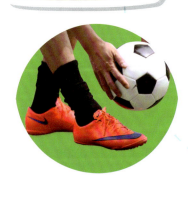

双脚颠球

● 技术要点

在进行脚面颠球时，要注意全身放松，并将注意力集中在如何准确地触击足球上。支撑腿保持稳定，同时微屈膝，以保证身体的弹性。踢球脚小腿向上自然摆动，脚踝绷紧，平稳控制住脚背向上的踢起，尽量使其于平行地面时触击皮球。踢球腿的发力要适度，用脚背的正中部位触击足球的底部正中，尽量不使球产生旋转或向身体侧有微旋转。多加练习，体会触球发力时的均匀适当，弹起的足球最好不要超过膝盖。

● 技术特点

脚面颠球可以让我们熟悉球与脚面接触的感觉，对学会用正脚背大力踢地滚球、长传过顶球、踢正面来向的空中球与侧面凌空球都有很大的帮助。

④ 全身放松，脚踝紧绷

⑤ 发力适当

徐阳示范双脚颠球

双脚颠球

很重要哦！！！
身体协调、熟练稳定的脚面颠球有助于很多种传球、射门和停球动作的掌握，同时，也能促进身体的协调与配合。

入门小秘诀：
刚开始的时候，可以像视频中徐阳指导教的那样，用手坠球，用脚一下一下颠球，先掌握正确姿势并体会触球的感觉。还可以颠网兜中的球。

特别注意：刚开始的时候，不要害怕失误，大家都是从一个一个颠球开始的！掌握教材里的正确姿势，多多练习，颠球数会越来越多。

颠球小游戏

跟小伙伴比比谁一次颠球的数量多，还可以尝试移动中颠球，看谁走的距离长。

易犯错误：
全身(特别是上身)不够放松，动作僵硬；
重心过高，影响小腿摆动；
脚踝僵硬，发力不均匀；
正脚面部位触球准确性。

踢球好习惯：
看到教练和队友主动问好；
替换下来的衣服叠整齐；
足球课提前15分钟到场准备。

颠球补水：
颠球练习中，及时补充水分，多次少量饮水。
颠球练习中，感觉疲劳应及时休息、拉伸、放松腿部。

阶段性目标：

第一阶段	用右脚（单脚）连续颠球2次
第二阶段	用右脚（单脚）连续颠球5次
第三阶段	用右脚（单脚）连续颠球10次，其间用左脚颠球1次
第四阶段	先用右脚颠球1次，然后左脚再颠球1次，这算一组完整颠球
第五阶段	左右脚连续颠球10组以上
第六阶段	1分钟之内，左右脚颠球50个以上
第七阶段	左右脚颠球前进10米
第八阶段	左右脚一次颠球100个
第九阶段	1分钟之内，左右脚颠球100个以上，并且可以颠球行进50米

大腿颠球

● 技术要点

在进行大腿颠球时，全身放松直立，将注意力集中在足球上，双臂自然下垂，眼睛始终注视皮球。在足球下落过程中，自然提膝，控制大腿，尽量使其于平行地面时触球，以大腿的正中部向上触击足球正下部，使足球垂直于地面向上弹起。发力要适中，尽量使颠起的球不超过头顶。

● 技术特点

熟练掌握大腿颠球，有助于大腿停球技术的学习。大腿停球是足球比赛中经常用到的停球技术动作，用于稳妥地接停空中来球。

1 身体直立，双臂自然伸展，协助保持身体平衡。

2 向上抬腿，用大腿的正中部迎击足球正下部，使球向正上方运行。

3 以髋关节为轴，屈膝上抬，球与大腿面接触，使球向内转动，将球连续颠起。单腿面颠球熟练后，可以采用双腿交替颠球法。

4 在大腿颠球过程中，熟悉大腿与球接触的感受，对培养身体协调配合和提高身体柔韧性也都有很大的作用。

徐阳示范大腿颠球

易犯错误：
大腿触球部位不准确；
抬腿高度不到位。

颠球小游戏

跟小伙伴比比看谁一次颠得多。
跟小伙伴比比看谁的颠球高度最高。

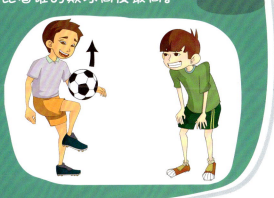

挑战大明星

大腿颠球挑战明星教练，
更有丰富奖品等你拿哦！

扫一扫挑战大明星

阶段性目标：

第一阶段	用右大腿连续颠球2次
第二阶段	用右大腿连续颠球5次，其间用左脚颠球1次
第三阶段	先用右大腿颠球1次，然后左大腿再颠球1次，这算一组完整颠球
第四阶段	左右腿连续颠球5组以上
第五阶段	大腿颠球前进20米
第六阶段	大腿连续颠球10组以上，并把球停（卸）在大腿上5秒
第七阶段	大腿连续颠球20组以上，并可以前进50米

内外脚背颠球

● 技术要点

在双脚内侧颠球时，全身放松，并将注意力集中在足球上。踢球腿自然向外侧盘膝，以脚内侧足弓部位触击足球的底部正中，尽量使足球垂直于向上地面弹起。触球发力时要均匀适当，双脚交替进行。在双脚外侧颠球时，全身放松，并将注意力集中在足球上。踢球腿自然向内侧盘膝，以脚外侧触击足球的底部正中，尽量使足球垂直于地面向上弹起。触球发力时要均匀适当，双脚交替进行。

1 屈膝盘腿，使脚内外侧向上摆动，迎击皮球

2 眼盯皮球，击球底部

特别注意：
用身体和步伐去控制皮球，不要追着球跑！

3 全身放松，重心下移

● 技术特点

双脚内外侧颠球有助于熟悉足弓及足外侧球感。其中，熟练脚内侧颠球技术，可以为各种高难度的脚弓传球和停球技术打下坚实的基础，而脚弓传球和停球则是足球比赛中最常用到的技术。脚外侧颠球可以帮助提高脚外侧踢球、运球、停球所需的球感，并增强踝关节的灵活性。

易犯错误：
腿抬高度不够；
脚内侧和脚外侧触球部位不准确；
脚踝过于放松，控制不住球；
上身紧张，动作不协调。

脚内外侧颠球小游戏

跟小伙伴比比，看谁能成功完成一组左右脚内外侧颠球。
比一比谁的颠球姿势最标准。

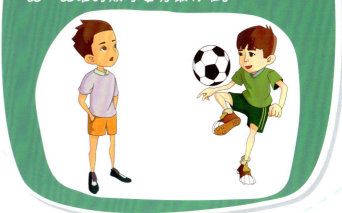

徐阳示范脚背颠球

阶段性目标：

第一阶段	用右脚内侧（单脚）连续颠球2次
第二阶段	用右脚内侧连续颠球5次，其间用右脚外侧颠球1次
第三阶段	用右脚内侧颠球1次，然后右脚外侧颠球1次
第四阶段	用右脚内外侧连续颠球10次，其间用左脚内侧颠球1次
第五阶段	用左脚内侧颠球1次，然后右脚内侧颠球1次
第六阶段	用左脚右脚内侧连续颠球10次，其间用左脚外侧颠球1次
第七阶段	用左脚外侧颠球1次，然后右脚外侧颠球1次
第八阶段	左脚内侧1次、右脚内侧1次、左脚外侧1次、右脚外侧1次
第九阶段	左右脚内外侧连续颠球5组

头部颠球

● 技术要点

在进行头部颠球练习时，全身放松，将注意力集中在足球上。两脚开立近肩宽，膝盖微屈，形成对身体的稳固弹性支撑。双臂自然张开，保持身体平衡。足球下落过程中，身体重心下移，保持头部扬起，腰、腿部发力挺起上身，以前额正中上迎触顶足球底部正中，使球向上弹起。在这个过程中，眼睛要始终紧盯足球。

特别注意：
顶球的时候不要闭眼睛，开始练习时候可以一个一个颠球，用腰部、肩部维持身体平衡。

2 用前额部位连续顶球的下部正中

1 两脚开立，膝盖微屈，头部扬起

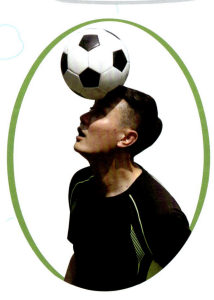

3 顶球时，两眼注视球，两臂自然张开

技术特点

头部颠球有助于足球技术中极为常见的头球动作的学习，扎实准确的头球技术是每一个足球运动员的必备。头球技术是较难掌握的足球技术，只有不怕失败、反复练习才能达到精熟的程度。头球练习对于增强身体柔韧性和全身协调，配合，也有很好的作用。

徐阳示范头部颠球

易犯错误：
颠球时闭上眼睛；
没有将头部扬起，用头顶触球；
不是由腰部控制主动发力。

餐桌的神秘力量

[碳水的奥义]

体能是否能够始终保持良好是足球场上能否克敌制胜的重要因素，而在所有提供能量的食物中，碳水化合物最为重要。与脂肪和蛋白质两个供能大户相比，碳水化合物具有分解速度快、供能直接的优点。在足球运动员的日常饮食中，富含碳水化合物的面包、米饭、面条通常作为主食，同时搭配富含淀粉的土豆、红薯、山药等根茎类的蔬菜。今天，你的餐桌上有哪种碳水化合物呢？

阶段性目标：

第一阶段	头部连续颠球2个
第二阶段	头部连续颠球5个
第三阶段	头部连续颠球20个，并且可以前进5米
第四阶段	1分钟头部颠球100个,并且可以把球停（卸）在头顶处5秒
第五阶段	头部连续颠球100个，并且可以前进20米
第六阶段	头部连续颠球100个，并且可以停（卸）在头顶前进20米

头部颠球

模仿小游戏

一共10人，分A、B两组，每组5人，一一对应，面对面站立。A组每人先做动作，然后B组模仿A组做的动作，接着B组做出动作，A组模仿。看两组中谁模仿对方最像。

SUPER STAR

绿茵巨星——梅西
(Lionel Messi)

梅西可以说是足球历史上的第三代"球王"，他创纪录地五次获得金球奖。迄今为止，共为巴塞罗那赢得了4次欧冠联赛冠军，7次西甲冠军及数不清的其他冠军头衔，他本人也可以被称为"纪录粉碎机"！

梅西出生于足球强国——阿根廷，从小就显露出极高的足球天赋。但不幸的是，在他11岁那年，梅西被查出患上了侏儒症，其家庭支付不了昂贵的治疗费用……在其足球生涯行将结束的危难之际，西班牙巴塞罗那俱乐部伸出援手，他们主动签下梅西并为其治疗。从此，一代天王横空出世。

在巴塞罗那，梅西的足球技艺渐入化境：做球、突破、射门等攻击技巧均达世界顶级。在球迷眼中，足球场上的梅西似乎已无所不能，他已经成为巴塞罗那队横扫足球世界的核武器。

这是一个梅西的时代！他依然坚持在路上，打破一个个封存已久或由自己创造的纪录，属于梅西的传奇故事仍在书写。

头部颠球小游戏

跟小伙伴比比，
谁一次颠得多。
跟小伙伴比比，
谁头部颠球行进距离远。
跟小伙伴比比，
谁把球停在头顶的时间长。

踩球练习

● 技术要点

在进行脚底踩球时，全身放松，将注意力集中在足球上。重心下移，用前脚掌脚底踩触足球上部，双脚交替触球，并逐渐增加触球的频率。初学者在开始练习时可以注视皮球，随着动作的熟练，要逐渐尝试完全用脚底感觉足球的位置。动作熟练后，也可以在行进间练习或衔接其他动作。

1 身体挺直，重心往下，屈膝用前脚掌踩球的上部

2 多加练习，可以熟悉脚底停球、踩球过人动作的特性，提高控球能力，增强身体柔韧性和全身协调，配合能力

3 利用脚底控制足球的滚动

易犯错误：
没有用脚腕控制方向，依靠小腿发力；
行进过程中发力过度。

● 技术特点

脚底踩球动作既可作为掌握球感的训练动作，同时又是一种在实战中经常用到的技术。脚底踩球的停球动作在足球比赛中十分常见，可以帮助球员稳妥地将球掌握在自己的双脚控制范围内。同时，它是重要的过人技术——脚底拉球技术的基础。在实战的球场上，有很多球星采用这一技术动作摆脱防守球员。

特别注意：
开始练习的时候，可以原地进行踩球练习，熟练后行进间练习；
开始练习的时候，可以用双眼看着皮球做动作，熟练后尽量不看球；
行进间注意节奏，尽量保持一致，全身放松；
重心下移，踩球过人隐蔽性很强，所以留下过很多经典瞬间。

练一练：
每天坚持练习双脚踩球向前500米和向后500米，1个月后，你会发现脚与球感觉越来越好。

徐阳示范踩球练习

阶段性目标：

第一阶段	左右脚原地踩球50次
第二阶段	左右脚行进间踩球向前或者向后50米（一次性）
第三阶段	左右脚行进间踩球向前或者向后30米（不看球，眼睛看前方）
第四阶段	20秒行进间踩球10米以上

踩球练习

踢球好习惯：
足球鞋是你的好伙伴，记得要定时清洗哦！
学会自己清洗训练服和训练袜子。

绿茵歪果仁

中线：halfway line
例句：It's Moore to throw the ball in near the halfway line.
由穆尔在中线附近掷界外球。
边线：touchline
例句：Players may use their hands to throw in the ball from
the touchline.
队员可以用手掷边线球。

踩球小游戏

跟小伙伴比比，看谁10米踩球用时最短。

绿茵巨星——孙雯

1985年，年仅12岁的孙雯就开始了自己的球员生涯。经过多年磨砺，她终于成为前中国女足的灵魂人物。孙雯的场上特点是意识好、射门欲望强烈、擅长组织、技术细腻、传接球准确。作为中国女足的主力前锋，她的门前得分能力强，同时又善于回撤中场接应，这使中国女足的中前场渗透打法威力十足。

1999年，第三届女足世界杯，在小组赛第二轮，孙雯上演帽子戏法，帮助中国队以7比0大胜加纳。在小组赛第三轮，孙雯打入两球，帮助中国队以3比1战胜澳大利亚队。在半决赛上，孙雯打入两球，帮助中国队以5比0战胜卫冕冠军挪威队，进入世界杯决赛。在洛杉矶举行的决赛中，中国队与东道主美国队在90分钟比赛和加时赛中打成0比0。在点球大战中，中国队以4比5负于美国队，屈居亚军。令人感到安慰的是，孙雯打入7球成为该届世界杯最佳射手，并凭借在世界杯上的出色表现被评为最佳球员。

2000年12月12日，在国际足联世纪最佳颁奖仪式上，孙雯被评为"20世纪最佳女子足球运动员"，这是迄今为止中国足球人在世界足球领域获得的最高认可。

双脚晃球

● 技术要点

在进行双脚拨球时，上身放松，将注意力集中在足球上。膝盖弯曲，身体重心下移，用脚内侧脚弓部位交替触球中部来回倒球。在这一过程中，注意脚内侧触球部位要准确。在刚开始训练时，动作幅度可以大一些，熟练后控制摆腿幅度慢慢变小。在原地动作完全熟练后，可在行进间练习，并注意保持节奏一致。

1 上身放松

2 重心下移

3 保持身体平衡

4 用脚内侧触球

5 节奏保持一致

徐阳示范双脚晃球

● 技术特点

双脚内侧拨球动作既是掌握球感的训练动作，同时也是在实战中经常用到的控球技术。熟练运用双脚内侧拨球技术，可以使球员稳妥地将球掌握在自己的双脚控制范围内。巴塞罗那队的中场大脑伊涅斯塔就是运用双脚拨球技术最好的球员，他的招牌双脚内侧拨球速度极快，被人们称为"油炸丸子"。

入门小秘诀：

开始可以用眼睛盯着皮球，幅度可以大一点，熟悉后不看皮球，幅度变小；开始可以在原地拨球，熟练后进行行进间练习。

易犯错误：

小腿发力过大，导致皮球控制不住。

绿茵歪果仁

足球战术的英语说法：

全攻全守足球战术：total football
例句：Total football is the purest form of attacking football.
全攻全守是攻击型足球最纯粹的形式。

反越位战术：anti offside tactics
例句：The provision off side in soccer rule and its interpretation bring about chances for the implementation of the anti offside tactics in the competition.
足球新规则中越位的条款和解释为新的反越位战术的实施提供了机会。

双脚晃球

阶段性目标：

第一阶段	左右脚原地晃球50次
第二阶段	左右脚行进间晃球向前50米
第三阶段	左右脚行进间晃球向前50米（眼睛尽量不看球）
第四阶段	20秒行进间晃球10米以上
第五阶段	在训练和比赛中，用双脚晃球摆脱防守队员

绿茵巨星——C罗 (Cristiano Ronaldo)

葡萄牙人克里斯蒂亚诺·罗纳尔多被人们称为C罗，他是这个时代唯一或可与梅西抗衡的天之骄子，其张扬的个性、表演意味十足的场上表现、永恒的自信、精湛的球技为他赢得了无数粉丝的心。

C罗出生于葡萄牙一个偏远小岛，家庭生活拮据。C罗本人于15岁那年检查出心脏有问题，差点告别绿茵，然而他仍旧对足球充满执着。手术康复后，凭借惊人的天赋和超人的刻苦训练，C罗逐渐站在了世界之巅。

转往曼联后，C罗完成了俱乐部和个人荣誉的大满贯。之后，C罗加盟皇马，再次实现了皇马时期俱乐部和个人荣誉大满贯。尽管如此，他仍旧是训练场上那个最先到来、最晚回去的球员。

C罗的勤奋铸就了成功，凭借对足球的执着，他不断突破自我，成为绿茵场上的战神与斗神。2015年，C罗被评选为葡萄牙足球百年历史上最佳球员。

叫号游戏

参与队员依次编号，圆圈内的队员将球抛向空中，并喊出圈外队员编号。听到叫号后，圆圈外队员迅速进圈内接球。接到球后，接球人可继续叫下一名队员编号。如未接到，需要接受惩罚，然后继续叫号。

脚尖拉球

● 技术要点

在进行脚尖拉球时，全身放松，将注意力集中在足球上。立足腿弯曲，重心适当下移，用脚掌前端至脚趾处的足底接触足球顶部中后部，快速将球向身体方向拉回，再以脚面向前拨球。在这个过程中，要注意用脚腕来调节球与脚的角度和位置，以更便于做出动作。以脚面向前拨球时，要注意拨出球的距离。训练初期，以其在双脚控制范围内为宜。

1 屈膝盘腿，使脚内外侧向上摆动，迎击皮球

2 眼盯皮球，击球底部

特别注意：
用身体和步伐去控制皮球，不要追着球跑！

易犯错误：
动作幅度过大；
拉球出球动作不连贯；
停顿时间过长。

徐阳示范脚尖拉球

● 技术特点

脚尖拉球既可以作为一种掌握球感的训练动作，同时，它也是一种在实战中经常用到的技术，几乎每场比赛都能看到球员利用拉球摆脱防守队员。熟练的脚尖拉球动作，不但可以帮助球员在狭小空间内保持控球，更可以帮其突然变换出球方向。

练一练：
以50次为一组，每天坚持练习4组。尽量在比赛中使用一次脚尖拉球摆脱防守队员。前脚掌拉球，重心下移，前脚掌弯曲，调节脚腕，注意出球距离。

阶段性目标：

第一阶段	右脚（单脚）原地拉球50次
第二阶段	左脚（单脚）原地拉球20次
第三阶段	右脚（单脚）原地拉球20次（眼睛尽量不看球）
第四阶段	在训练和比赛中，用脚尖拉球摆脱防守队员

SUPER STAR

绿茵巨星——巴乔 (Roberto Baggio)

他相貌英俊，但面带忧郁，有着"地中海一样湛蓝的眼睛"，"马尾辫"是他的标志。凭借魔幻般的球技，他在职业生涯中创造出无数伟大的时刻。他，就是意大利球星罗伯特·巴乔。

1990年世界杯，巴乔凭借完美发挥将意大利队带入决赛。但在决赛点球决战中，巴乔罚丢了人生中最重要的一球，导致意大利队痛失冠军……

尽管如此，他依然是很多人心目中最富悲剧色彩的英雄。

巴乔的足球生涯颇为坎坷：起步于低级别球队，在巅峰期先后效力过佛罗伦萨、尤文图斯、AC米兰、国际米兰四支意甲豪门，晚年又在布雷西亚等俱乐部效力，可以说是意大利足坛的流浪者。他在意甲联赛中共打入205球，冠军奖杯收获颇丰，1993年获选欧洲与世界双料足球先生，2003年荣获世界金足奖。他曾是意大利足球的瑰宝，也是意大利足球中最具进攻天赋的球员。

拨球练习

● 技术要点

在进行双脚拨球时，全身放松，将注意力集中在足球上。支撑腿微屈，身体重心适度下移，先用脚外侧向外将球拨出，再用脚内侧向内将球拨回。在这两个触球动作中，注意脚外侧和脚内侧的触球部位都是足球的中下部，并控制触球力度，使球的滚动幅度不大，节奏应均匀一致。初学者在开始练习时可以注视皮球，随着动作的熟练，要逐渐尝试不再注视足球。

1 重心下移 上身放松

2 支撑腿稳

易犯错误：
拨出球距离过短或过长；
重心过于靠上，上身僵硬，动作不协调。

● 技术特点

拨球是球场上摆脱防守队员最常用的技术动作，每个球员都必须熟练掌握。双脚拨球动作既可作为掌握球感的训练动作来看待，同时也是在实战中最常用到的运控球技术。熟练运用双脚内外拨球技术，可以使球员将球掌握在自己控制范围内，同时，它也是多种带球变向突破动作的基础。

> 练一练：
> 以左右脚20次为一组，每天完成5组。尽量在比赛中使用三次拨球，摆脱防守队员。

3 脚内侧、脚外侧触球　　**4** 注意拨球距离

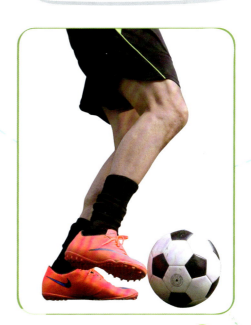

徐阳示范拨球练习

拨球练习

阶段性目标：

第一阶段	右脚（单脚）原地拨球10次
第二阶段	左脚（单脚）原地拨球10次
第三阶段	左右脚行进间拨球20米
第四阶段	左右脚行进间拨球20米（尽量不看球）
第五阶段	在训练和比赛中，用拨球动作摆脱防守队员

踢球好习惯：
养成定时写训练日记的好习惯；
进球后要感谢传球队员。

SUPER STAR

绿茵巨星——贝克汉姆
(David Beckham)

贝克汉姆曾是整个英格兰的骄傲，其外形俊朗，是偶像与实力并存的象征。在中国，人们亲切地称他为小贝。贝克汉姆是曼联"92黄金一代"的代表之一，也是弗格森红色帝国的功勋战将。他于1999年、2001年两次获世界足球先生银球奖，1999年当选欧足联最佳球员。

一句话似乎就可以描述贝克汉姆：他是足球圈中最精致时尚的，同时也是时尚圈中最会踢球的！

说到小贝的球技，不得不说他独步球坛的任意球绝技——圆月弯刀，这一技术曾多次在比赛关键时刻力挽狂澜，或救曼联、或救英格兰国家队于危难之际。同时，小贝精准的右脚传球总能为队友送上绝妙助攻。小贝还曾是三狮军团英格兰队的队长，他浴血沙场，成为英格兰唯一一位连续三届世界杯均有进球的球员。

贝克汉姆效力过曼联、皇马、AC米兰和巴黎圣日耳曼等豪门俱乐部，2010年获得BBC终身成就奖。这就是贝克汉姆，明明可以靠脸吃饭，偏偏靠实力！

世界波

世界波一般是不可思议或者说精彩绝伦的进球，常常出乎人的意料，又令人回味。这种进球具有不可复制性和不可模仿性，此进球一定要让看到的人产生震撼感。

第三篇　运　球

脚内侧运球

● 技术要点

在进行脚内侧运球时，全身放松，支撑腿微屈，身体重心适度下移。用脚内侧脚弓部位将球向出球方向轻推出，触球部位是足球的中部。注意出球的力度不宜过大，尽量将球控制在两脚的控制范围内，以便完成下一个触球动作。初学者在开始练习时可以注视皮球，随着对动作的熟练，要逐渐尝试不再注视足球，完全凭脚感感知足球所在。

1 身体放松，支撑脚在球侧方

2 脚内侧轻推球"中后部"

● 技术特点

脚内侧运球几乎是场上应用最多的一种运控球技术，该技术易于掌握。虽然动作幅度较大、运球行进间不便于启动加速，但这个动作对于足球的控制却相当稳妥。随着脚弓触球角度的变化，球员也很容易变换出球的方向。这一动作普遍适用于掩护性运球以及运球变向，是每名小球员都必须掌握的技术。

易犯错误：
身体重心过高，影响对球的控制；
触球发力过大，足球脱离双脚控制范围；
触球时脚型不稳，影响控球效果。

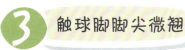 **3** 触球脚脚尖微翘

 **4** 身体重心在支撑脚

徐阳示范脚内侧运球

脚内侧运球

练一练：
每天坚持用左右脚内侧运球绕桩200米（100个桩，2米一桩），
一个月后，你会发现运球速度比之前有明显提高哦！

阶段性目标：

第一阶段	右脚（单脚）向前运球20米（一次性）
第二阶段	右脚（单脚）快速向前运球20米
第三阶段	左脚（单脚）向前运球20米（一次性）
第四阶段	绕桩练习，左右脚内侧运球20米×2（一次性）
第五阶段	左右脚快速绕桩（用最快速度）
第六阶段	在训练和比赛中，熟练使用"脚内侧运球"
第七阶段	在熟练使用"脚内侧运球"的同时，可以抬头观察周围情况

编者的话：
随着足球运动在我国的普及发展，2015年，足球项目已经纳入到全国
"中考科目"，考试题目就是"运球绕桩"。所以，熟练掌握"脚内
侧运球"动作非常重要。既然拿到了这本《足球入门宝典》，无论你
喜欢不喜欢足球，都应该把"脚内侧运球"动作做好，它可是"运球
绕桩"考试的必杀技哦！

多门比赛：3V3,4V4,5V5比赛

多门游戏的目的是增加孩子训练的趣味性

外脚背运球

● 技术要点

在进行外脚背运球时，全身放松，支撑腿微屈，身体重心适度下移。脚尖内转，用脚背外侧部位将球向出球方向轻推出，触球部位是足球的中部。注意出球的力度不宜过大，出球后身体尽快跟进出球方向，尽量将球控制在下一步可以触及的范围内，以便完成下一个触球动作。初学者在开始练习时可以注视皮球，随着对动作的熟练，要逐渐尝试不再注视足球，完全凭脚感感知足球所在。

① 运球脚抬起，膝关节弯曲，脚后跟提起，脚尖稍内转

② 身体放松，身体微向前倾

● 技术特点

脚外侧运球是足球场上应用最广泛的运控球技术，该技术易于掌握。运用熟练时，基本不会影响运球者奔跑的速度。虽然它对足球的保护不如脚内侧运球，但在运球行进间还可以快速启动加速或者变换运球方向，突击性更强。这也是每名小球员都必须掌握的技术。

练一练：
每天坚持用左右脚外脚背运球，匀速200米、加速200米。一个月后，你突破小伙伴的成功次数会大大增多哦。

3
用脚背外侧轻推球中后部，重心随即跟上

易犯错误：
运球脚直腿前摆，难以控制前推力量；身体重心后坐或者偏高，影响出球后的身体跟进。

徐阳示范外脚背运球

外脚背运球

阶段性目标：

第一阶段	右脚（单脚）直线运球20米（一次性）
第二阶段	右脚（单脚）直线运球20米并做一次变向
第三阶段	左脚（单脚）直线运球20米（一次性）
第四阶段	左脚（单脚）直线运球20米并做一次变向
第五阶段	左右脚外脚背快速运球
第六阶段	在训练和比赛中，使用"外脚背"运球摆脱防守队员
高手阶段	在熟练使用"外脚背运球"的同时，可以抬头观察周围情况

SUPER STAR

绿茵巨星——阿奎罗 (Sergio Agüero)

阿奎罗出生于阿根廷首都布宜诺斯艾利斯的贫民区。在他家附近有块简陋的足球场，很小时，踢"野球"的阿奎罗就已经很出名了。9岁时，阿奎罗进入阿根廷传统豪强独立俱乐部受训。从此，一代神锋的传奇故事拉开序幕。

阿奎罗登陆欧洲，首先加盟的是历史悠久的马德里竞技俱乐部。在马竞，他逐步成长为欧洲顶级前锋。2011年，阿奎罗加盟英超新贵曼城，助球队两夺英超联赛冠军，尤其是2012年，当赛季英超联赛的最后一轮，阿奎罗在比赛最后时刻的压哨绝杀，直接将曼城送上了梦寐以求的英超王座。

放眼当今世界足坛，像阿奎罗这样的锋线攻击手已属凤毛麟角。他身材不高，但极为强壮，在对抗激烈的欧洲联赛中想要摧城拔寨，几乎全凭脚上的功夫和惊人的速度及爆发力。如今，阿圭罗仍是曼城的王牌射手。

看谁能把球停在线上

在球场上找到中线或者底线（如果你所在的球场没有这条线，那就用几个矿泉水瓶摆条直线），距离10-15米对着这条线传球，看谁能把球停在线上。如果大家踢出的球都没停在线上，离线最近的人获胜。

正脚背运球

● 技术要点

在进行正脚背运球时，全身放松，支撑腿微屈，身体重心适度下移。提起脚跟，用脚背的正面部位将球向身体前方推出，触球部位是足球的中部，出球后身体尽快跟进出球方向。初学者在开始练习时可以注视皮球，随着动作的熟练，要逐渐尝试不再注视足球。

1 身体放松，上身稍前倾，重心下移

2 稳住脚踝，触球脚脚尖向下，脚面紧绷

● 技术特点

由于正脚背触球力度较大，踢出的球会离身体比较远、线路单一，因此正脚背运球的长处并不在于对足球的控制。这种"直来直去"的运球的长处在于当球踢出后离身体较远时，可以完全发挥运球者的奔跑速度，主要用于前方开阔地带没有防守队员阻拦时快速带球突入某区域。

入门小秘诀：
刚开始练习的时候可以缓慢运球，找找感觉，巩固正确姿势在训练中多使用"正脚背运球"快速推进。

3

正脚背前推足球中部

易犯错误：
运球脚触球时松动不稳定，难以控制运球的力量和方向；踝关节僵硬，控制不住球。

徐阳示范正脚背运球

正脚背运球

阶段性目标：

正脚背运球的目标只有一个，那就是越快越好，不断打破自己的运球速度。

业余速度	30米	9-10秒或者10秒以上
半专业速度	30米	8-9秒
专业速度	30米	6-8秒
飞人速度	30米	5-6秒

SUPER STAR

绿茵巨星——贝肯鲍尔 (Franz Beckenbauer)

贝肯鲍尔是世界足坛的传奇巨星，被人称为足球皇帝。作为足球史上最强大的征服者之一，在他的带领下，德国和拜仁慕尼黑这两辆超级战车当时横扫世界，无人能敌。

球员时期，司职中后卫的贝肯鲍尔具有精妙绝伦的球技、高超的足球智商以及独一无二的领袖气质，其球员时代是世界足坛最伟大的球员，开创了"自由人"战术踢法，是集体以及个人荣誉的全满贯得主，世界杯冠军、欧洲杯冠军等一系列奖项让当时不可一世的克鲁伊夫也俯首称臣。

教练时代，贝肯鲍尔又是世界足坛最伟大的教练，曾分别率领俱乐部和国家队夺取联赛、欧冠、世界杯冠军。在贝肯鲍尔担任德国足协主席期间，曾推动国际足联体制和足球规则的改革。无论是在德国足坛、欧洲足坛还是世界足坛，足球皇帝——贝肯鲍尔都是一位对足球具有卓越贡献的伟人。

运球小游戏

踢球出圈：
每人一球，在指定圆圈（也可以是方块）区域内运球并互相踢抢。如球被同伴踢出圆圈，失球者离开圆圈，直到指定区域内剩下最后一名球员，游戏结束。

脚内侧回扣变向摆脱

● 技术要点

在做脚内侧回扣变向摆脱动作时，全身放松，支撑腿弯曲，身体重心下移，摆动踢球腿做出向前方踢球的假动作，在将踢到球的最后一刻，用脚背内侧部位将球向支撑腿后方扣（拨）回。注意控制好扣（拨）回的足球与支撑脚的位置，两者距离不能太近，否则不利于下一个动作的衔接。

1 做出向前踢球的摆腿动作

2 踢球脚迅速将球扣回

● 技术特点

脚内侧回扣变向摆脱是非常重要且有效的带球跑动间摆脱技巧，又被称为"克鲁伊夫转身"。大家可以搜一下视频，看看克鲁伊夫的假动作是何等逼真！该动作具有动作隐蔽性强、变向突然等特点，是持球球员重要的摆脱变向动作。这种"假踢—变向摆脱"的动作，每名球员都必须掌握。

入门小秘诀：
刚开始练习的时候，可以原地做"脚内侧扣球"动作，先掌握正确姿势；
开始练习的时候，扣球动作幅度可以大一些，熟练后幅度慢慢变小；
在训练和比赛中，尝试用"脚内侧扣球"摆脱防守队员，不要害怕丢球。

3 扣回球后迅速转身，衔接下一个动作

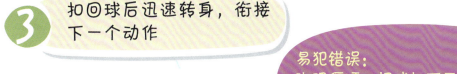

易犯错误：
脚踝僵硬，把球扣死无法完成转身；
立足脚不稳，容易摔倒；
身体和重心跟进不连贯，扣球和转身动作脱节。

徐阳示范脚内侧扣球

脚内侧回扣变向摆脱

这可是一个以足球巨星名字命名的超炫的动作！你会把脚内侧回扣变向摆脱的成功经验分享给你的家长和小伙伴吗？

阶段性目标：

第一阶段	原地右脚（单脚）完成动作
第二阶段	行进间右脚（单脚）完成动作
第三阶段	快速运球中右脚（单脚）完成动作
第四阶段	行进间左右脚快速完成动作
第五阶段	可以在比赛中熟练运用脚内侧回扣变向摆脱防守
第六阶段	边路高速运球中完成脚内侧回扣变向摆脱，身体重心与球几乎同时转动，借此摆脱防守动员，完成变向动作

足球冷知识

任意球乌龙
罚任意球时，球员踢到门柱后反弹进自家球门，不算进球，判球门球。每年此项规定都会写进《国际足联裁判法》，但一直都没有触发。

绿茵歪果仁

足球动作的英语说法：

越位：Offside

例句：Torry was offside. 托尼越位了。

传球：Pass the ball

例句：Pass the ball to Ronaldo! 把球传给罗纳尔多呀！

运球接力：

10人一队分2组，每5人在一边，两边相隔30米，每组1个足球，各组同时开始，最后一名球员把球停在线上，用时最少组获胜。

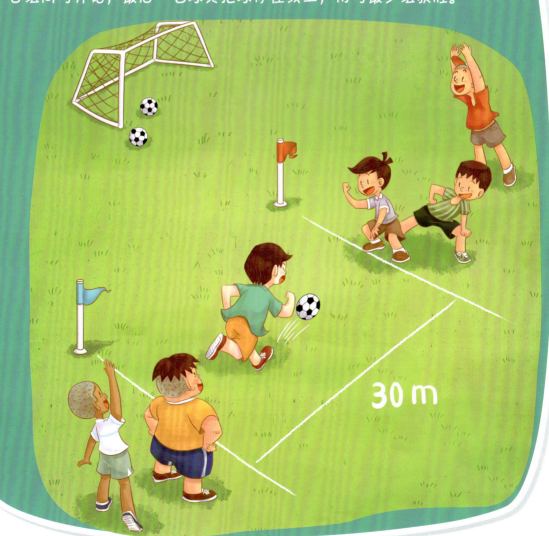

脚外侧扣球

● 技术要点

随球跑动，在支撑腿超过足球后，就可以做脚外侧扣球动作：全身放松，支撑腿弯曲，身体重心下移，摆动踢球腿，脚弓朝前，用脚背外侧部位扣截向前滚动的足球，随之调整身体重心，准备衔接下一个动作。

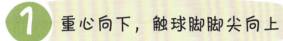

1 重心向下，触球脚脚尖向上

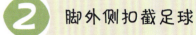

2 脚外侧扣截足球

● 技术特点

由于脚踝的构造特征，熟练的脚外侧扣球可以完成得非常迅速、灵活。在场上运球急起急停靠节奏摆脱或者突破对手时，这个动作经常被用到。这一动作也是每名球员都必须掌握的。但是，并不建议最后一名防守者在对手的压迫下使用这个动作进行摆脱，因为这一动作是将球置于身体外侧，对皮球缺乏足够的保护。

易犯错误：
支撑腿距离足球过远，扣球腿去"够"足球，导致失去重心；
扣球脚脚踝僵硬，把球扣"死"；
右（左）脚扣球后没有完成同侧转身，失去对球的保护。

3 扣停球后，身体和重心快速跟进，衔接下个动作

徐阳示范脚外侧扣球

脚外侧扣球

足球好习惯

训练和比赛后，记得要拉伸、压腿哦！
这样可以有效减轻肌肉疲劳，
还有防止"O型腿"的功效呢！

绿茵歪果仁

"进球"的常用表达就是score a goal
"连进两球"英文中多用score a brace表示，也就是梅开二度
"帽子戏法"score a hattrick，也就是连进三球

SUPER STAR

绿茵巨星——瓦尔迪
(Jamie Vardy)

如今效力英超莱斯特城队的瓦尔迪被戏称为英格兰足坛的"励志哥"，他创纪录地在英超联赛连续11场比赛中打入进球。瓦尔迪出色的表现，帮助英超中下游球队莱斯特城夺得2015-2016赛季英超联赛冠军。

瓦尔迪出道于谢周三的青训体系，但由于各方面资质一般，17岁时就被谢周三俱乐部解约。迫于生计的他，只好在假肢厂打工。但同时，他并没有放弃自己的足球梦想。在业余时间，他委身一支非职业球队参加英格兰第8级别联赛……直到2012年夏天，莱斯特城宣布以100万英镑的价格签下瓦尔迪。而如今，凭借自己的表现，瓦尔迪已名扬四海！

2015年，28岁大器晚成的瓦尔迪完成在英格兰国家队的首秀。从第8级联赛一直杀到英超，瓦尔迪上演了一部让人无比感动的励志故事：资质平庸，但默默付出，日积月累的坚守，以乐观的心态对前途充满信心，对绿茵梦想永不停歇的追逐，让瓦尔迪在一步一个脚印的平凡中慢慢铸就成功。

足球小游戏

跟小伙伴比比，10米距离直接运球，再用脚外侧扣球同时转身，再把球运回来，看谁的用时最短，谁的转身动作最规范。

运球变向突破

● 技术要点

运球变向突破是一类技术动作的统称。在这里，我们先介绍一个基础的运球变向摆脱动作——脚内外侧拨球突破正面防守。

以右脚运球为例：跑动中全身放松，身体重心下移，踢球脚（右脚）脚尖内收，用右脚外侧将球向身体外侧（右侧）前方拨出，支撑腿发力跑动追上皮球，接下来用右脚内侧将球向身体内侧（左手侧）前方扣回拨出。

这一组合动作的目的，是使防守者在扑向右侧时身体重心向右，来不及跟上再度拨向左侧的足球，从而被摆脱掉。掌握这一组合技术动作的关键，是要保持住自己的身体重心，这要在多加训练的基础上才能体会。

1 重心下移，踝关节绷紧，脚尖向内

［李毅，中国国家队前足球运动员，末代甲A金靴奖。］

● 技术特点

脚内外侧拨球突破是突破正面防守者的最简单有效的手段之一，简洁快速，在实战中有非常好的效果。事实上，它也是前锋最简单的制造射门空间的方法——只要脚内侧的回扣动作能够闪开防守者，前锋就可以起脚射门了。

徐阳示范运球变向

易犯错误：
拨扣球位置不准确，控制不住出球方向；
拨扣球后身体和重心跟进慢，连贯性差。

2 脚外侧触球，出球后，身体重心迅速跟上

运球变向突破

3 重心下移，脚踝急转扣压动作，用脚内侧触球，出球后，身体重心迅速跟上

李毅示范快速过人

阶段性目标：

第一阶段	右脚（单脚）行进间变向
第二阶段	右脚（单脚）快速运球变向
第三阶段	左脚（单脚）行进间变向
第四阶段	在训练比赛中，使用运球变向突破摆脱防守队员
第五阶段	在训练中，使用运球变向突破摆脱防守队员传球或射门
高手阶段	在比赛中，可以利用运球变向突破摆脱防守队员，为球队创造机会

入门小秘诀：
刚开始练习的时候，可以找小伙伴做"消极防守"，以增强信心，熟练技术动作后，再让小伙伴提高防守积极性。在训练或者比赛中，尽可能尝试用"变向"摆脱防守队员，不要害怕失误！

第四篇 传 球

脚弓传球

● 技术要点

面向出球方向助跑，踢球时略俯身，支撑腿弯曲呈稳定支撑，支撑脚尖指向出球方向，支撑脚踏于球侧，距离约15-20厘米。在支撑脚落地后，触球腿大腿外展，带动小腿由后向前摆动，脚踝紧张固定，脚尖微翘，以脚弓部位触击足球的中后部，将球推出。注意：脚弓摆动触球时的方向是对向出球方向、与支撑脚脚尖垂直的。球踢出后，身体和踢球腿髋关节要向前送，这也是决定出球方向的一个重要因素，摆动方向为目标方向。

1 面向出球方向，直线助跑，支撑脚在球侧

2 膝关节弯曲，脚尖指向出球方向

● 技术特点

脚弓部位触球面积较大，所以，脚弓传球更容易准确地控制出球方向，它是进行短距离地面快速传球和近距离射门的理想脚法。我们看到的很多精准的中短距离的禁区附近直塞球，都是由脚弓传球实现的。

易犯错误：

支撑脚落地位置不合理，导致踢球时身体后仰，出球无力且易向上飞；

小腿摆动不到位，出球力量小；

支撑脚靠后或者脚尖没有对准出球方向，影响球运行方向。

徐阳示范脚弓传球

3 踢球腿以髋关节为轴，由后向前摆动，膝、踝关节外展，脚尖微翘，以脚弓正面对准足球中后部，小腿加速前摆，击球刹那脚型固定，击球的后中部

脚弓传球

练一练：
每天坚持用脚弓传球200次以上，一个月后，跟小伙伴比比，看谁的脚法更精准。

阶段性目标：

第一阶段	掌握正确脚弓传球姿势
第二阶段	右脚（单脚）准确传球5米
第三阶段	右脚（单脚）准确传球10米
第四阶段	移动中右脚（单脚）准确传球10米
第五阶段	左脚（单脚）准确传球10米
第六阶段	左右脚原地一脚出球（不停球）准确传球10米
第七阶段	在移动中，左右脚准确传球10米以上
高手阶段	在训练比赛中，左右脚单脚出球（不停球）

踢准小游戏

用矿泉水瓶或标志桶等物摆一个小门，跟小伙伴比比谁踢得准。

徐阳示范踢准小游戏

外脚背传球

● 技术要点

直线助跑，双臂自然张开，支撑脚踏在球侧10-15厘米处。支撑脚尖指向出球方向，支撑腿膝关节微屈，踢球腿后摆，上体稍前倾，踢球腿大腿带动小腿前摆，脚趾扣住鞋底将脚面绷直，脚腕紧张用力，脚尖向内转，保证膝关节在球的正上方时触球，以脚背外侧踢击球的后中部。踢球后，出球脚顺势前摆，身体随势向前移动。

1 脚面绷直，脚趾向内扣紧并斜下指

2 用脚背外侧击球的后中部

● 技术特点

外脚背传球隐蔽性很强，熟练后可以利用膝、踝关节灵活变化改变出球的方向和弧线，这是一种极其实用的传球技术。由于要求脚尖向内转，所以，小球员在初学期完成有一定难度，但每名小球员都应该熟练掌握这项技术。此外，外脚背传球也是踢出外旋弧线球的基础。

易犯错误：
支撑脚位置不对，影响小腿摆动发力；
膝和踝关节内旋不够，影响球准确性；
脚型不稳，脚尖上扬，触球不稳。

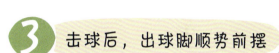

3 击球后，出球脚顺势前摆

徐阳示范外脚背传球

外脚背传球

练一练：

在每天的传球训练中，完成50次外脚背传球；

在抢圈游戏中，尝试使用外脚背传球；

在训练比赛中，尝试使用外脚背传球。

想一想：

在足球比赛中，脚外侧传球由于隐蔽性和穿透性极强，同时极具观赏性，被称为"施了魔法的技巧"。在当今足坛，有哪些外脚背传球射门的高手？

（"魔笛"莫德里奇、厄齐尔、夸雷斯马）

经典足球游戏（抢圈）

3人以上围城一个圈，圈内1名抢球队员，圈外球员互相传球。圈外球员被圈内球员成功断球后，两人交换位置，由原来圈外球员到圈内进行抢球。

4人（1抢3）两脚或者一脚出球

5人（1抢4）一脚出球

6人（2抢4）两脚或者不限脚数

正脚背传球

🟠 **技术要点**

直线助跑，双臂自然张开，支撑脚踏在球侧10-15厘米处。支撑脚尖指向出球方向，支撑腿膝关节微屈，踢球腿后摆，上体稍前倾，踢球腿大腿带动小腿前摆，脚趾扣住鞋底，将脚面绷直，脚腕紧张用力，保证球在膝关节的正上方时触球，以脚背正面踢击球的后中部。踢球后，出球脚顺势前摆，身体随势向前移动。

1 直线助跑，支撑脚在球的侧方，脚尖正对出球方向

2 膝关节微屈，传球腿顺势后摆，小腿弯曲放松

● 技术特点

正脚背传球击球干脆利落，便于发力，出球势大力猛，在球场上多使用于大脚长传球，但出球线路单一，机动性有限。正脚背传球也是大力射门的基础。每名球员都应该熟练掌握这项技术。

易犯错误：
支撑脚位置不对，影响摆动；
脚面没绷住，影响出球方向。

徐阳示范正脚背传球

1 以髋关节为轴，大腿带动小腿由后向前摆，小腿前摆

2 脚背绷直，脚趾扣紧，脚背正面击球的后中部

头球传球

● 技术要点

身体微侧对来球方向，注视运动中的皮球。两脚左右开立（或前后开立），膝关节微屈，重心置于两脚间的支撑面上（或后脚上）。两臂自然张开，头顶球时两腿用力蹬地，迅速向前摆体，微收下颌，在触球瞬间，颈部做爆发式振摆，用前额正面击球中部，上体随球前摆。

1 面对来球，判断来球高度和触球时机

2 双臂张开，眼盯来球，收下颚

● 技术特点

头球传球在足球比赛当中经常用到，它是头球射门和头球解围的基础。现代足球对头球传球的准确性要求越来越高，必须勤加苦练。

易犯错误：
顶球时闭眼缩颈，被动触球，影响发力且易受伤；
单纯用颈部发力，而不是用腰腹发力。

3 双脚蹬地，腰腹发力
用前额顶球

徐阳示范头球传球

头球传球

想一想：
在现役球员中有哪些头球好手？
答案：孔帕尼、戈丁、皮克

入门小秘诀：
头球传球的动作要领比较简单，找你的小伙伴互相扔球用头去顶。千万不要害怕！完成一个漂亮的头球，你会非常有成就感。

踢球好习惯：
记得训练赛还有正式比赛的时候，带好护腿板，要学会充分保护自己！

头球小游戏

两个球员互相用头传球，不要让球落地，看看你们能互相顶多少个。
（非常有挑战性！）

脚背内侧长传球

● 技术要点

脚背内侧长传球通常是45度斜向助跑，可以根据个人的习惯略加调整。传球时，支撑脚位于球的侧后方20厘米左右，脚尖正对出球方向。支撑腿膝关节弯曲，重心向支撑腿侧倾斜。踢球腿大腿带动小腿，小腿加速摆动，踢球脚踝关节保持紧张，脚背绷紧，脚外展，以脚背的内侧踢击足球的中下部。

1 45度斜向助跑。支撑脚在球的侧后方，脚尖正对出球方向，膝关节微屈

2 传球腿后摆，小腿弯曲放松，以髋关节为轴，大腿带动小腿由后向前摆动

● 技术特点

脚背内侧长传球传球的距离比较远，所以，多用于局部区域胶着时大范围转移球的情况。在踢间接任意球或角球中，球员们也经常用到这一脚法。脚背内侧长传球可以便利地传出过顶球和身后球，是球队快速反击时非常有效可靠的个人技术手段，每名球员都要熟练地掌握这一技术。

易犯错误：
立足脚位置过于靠后，影响大小腿摆动；
触球部位不准确，影响出球方向；
没有搓踢足球底部，球飞起不来。

徐阳示范脚背内侧长传球

3 小腿前摆，脚背绷直，脚趾扣紧

4 脚背内侧踢击（搓）球的底部

脚背内侧长传球

阶段性目标：

第一阶段	掌握脚内侧长传球的正确姿势
第二阶段	右脚（单脚）原地把球踢（搓）起来
第三阶段	右脚（单脚）原地准确传球20米
第四阶段	移动中右脚（单脚）准确传球20米以上
第五阶段	在训练或者比赛中，可以使用脚内侧长传球
第六阶段	在训练或者比赛中，可以使用脚内侧长传球主罚门球、角球等
第七阶段	左脚（单脚）原地准确传球20米以上
高手阶段	在训练或比赛中，左右脚熟练长传球，完成转移任务 在训练或比赛中，左右脚30米精确传球，并且担任球队主罚任意球和角球手

入门小秘诀：
长传球是足球运动里较难的一项技术动作，开始的时候需要先把踢球姿势掌握好，同时需要足够的力量支持，然后找一个跟你水平差不多的小伙伴互相练习，一起捡球、一起提高。

云问

在日常的足球训练中遇到困难？感觉自己足球技巧遇到瓶颈、提高慢？不知道怎么教孩子踢足球？
没有关系！"踢球吧少年"10余位国脚级明星教练在线为您解答一切足球方面的困惑！请在公众号发出您的问题！

问题一：传球总是练不好怎么办？

回答：首先要检查一下自己的传球动作是否正确，传球立足脚（也叫支撑脚）要冲着接球人的方向。触球部位要吃正，传球技巧掌握不熟练的时候，不要用后脚跟或前脚掌触球。按着本书中提示反复练习，传球率会大幅提高哦！开始的时候动作可以慢一点，保证动作的准确性，以踢准为目的，休息时可以做几组踢准小游戏。

问题二：颠球练习到三四十次后怎么往上提高？

回答：首先要改进颠球的动作，使自己动作更协调顺畅，多用不熟悉脚触球，从而达到左右脚均衡，动作掌握后，颠球数目会飞快地增加哦！在训练的过程中要不停地给自己定目标，挑战自己的极限数字，这是一件很快乐的事。双脚颠球间隙可以适当地更换一下颠球的部位，用大腿还有内外脚背进行调节。渐渐地，你会发现已经有了自己的颠球节奏哦！

第五篇　停　球

脚内侧停地滚球

停球是一种将运动状态的足球控制住的过程。动作结构分成四个环节，即判断选位—接球前支撑—停球动作—停球后跟进四个技术环。

● 技术要点

在进行脚内侧停地滚球时，全身放松，将注意力集中在足球上，支撑脚正对来球方向，膝关节微屈，停球脚屈膝外转并前迎，保持脚尖翘起，以足弓部位接球。当足弓与足球接触刹那，接球脚后引缓冲来球力量，将球停在脚下。在后引过程中，注意踝关节放松以脚弓部位接触球的中部。该动作熟练后，可逐渐尝试把球停在衔接下一个动作舒适的位置上。

1 判断来球方向，面冲来球，选择支撑脚位置，膝关节微屈

2 停球腿屈膝外转并前迎，脚尖稍翘起

● 技术特点

脚内侧停地滚球是在实战中最常用到的停球技术，具有接触球面积大、停球稳定的特点，同时，也是最容易学习掌握的一种停球技术。

徐阳示范脚内侧停地滚球

易犯错误：
接球腿、膝和踝关节外转不够，导致控球不稳；
触球后撤或后引幅度过大或过小，停球位置不理想；
接球腿动作僵硬，直接把球停"死"。

3 当脚与球接触前的一刹那接球脚开始后撤或者后引

4 将球停在想要的位置上

脚内侧停地滚球

阶段性目标：

第一阶段	掌握脚内侧停地滚球正确姿势
第二阶段	右脚（单脚）原地把球停在脚下
第三阶段	右脚（单脚）跑动中把球停在脚下
第四阶段	左脚（单脚）原地把球停在脚下
第五阶段	右脚（单脚）脚内侧地滚球后，可以快速衔接下一个技术动作，如传球、射门
高手阶段	左右脚脚内侧停地滚球后，可以快速衔接下一个技术动作，如传球、射门 停球的同时观察周围30米情况，停球后顺利完成下一个动作

入门小秘诀：
首先掌握脚内侧停地滚球的技术要领，脚内侧停球与脚弓传球是一起练习的，每天200次脚弓传球+脚内侧停球，一个月后你的停球会更熟练。

想一想：
当今足坛停球大师有哪些？停球最好的球队是不是巴萨？你会把停球成功的经验分享给你的小伙伴吗？

踢球好习惯：
队员传球失误不要埋怨；
自己传球失误，主动跟队
友说声抱歉。

停球小游戏

两人一组，相距5米，
一人脚弓传球后上前
防守，接球人采用脚
内侧停球后摆脱传球
人。比一比，看谁接
球动作最标准、摆脱
效果最好。

两人一组，面向站立，
行进间脚弓传球和脚
内侧停球。看看哪组
选手传、停球效果最
好，走得最直。

脚内侧停空中球

● 技术要点

在进行脚内侧停空中球时，全身放松，将注意力集中在足球上。立足腿弯曲，身体重心下移，脚内侧脚弓部位对准来球路线前迎，此时应特别注意踝关节放松、脚内侧向上翻，保证足弓正对来球。在脚与球接触的刹那，将接球脚后引以缓冲来球力量，将球停在脚下。接球脚后引的幅度，要根据来球力量的大小变化。

1 面冲来球，选择支撑脚位置，膝关节微屈

2 根据来球高度选择抬腿高度

● 技术特点

脚内侧停空中球是在实战中经常用到的停球技术。它具有接触球面积大、停球稳定、可靠性强且灵活多变的特点，是控制空中半高来球的最稳妥的停球技术，也是最容易学习掌握的一种停空中来球技术。

董午志示范脚内侧停空中球

易犯错误：
抬腿高度不够，影响触球部位；
接球脚过于僵硬，停下来的球不在控制范围；
触球刹那后引时机掌握不好，缓冲效果差。

❸ 脚内侧对准来球路线，在脚与球接触前的刹那，接球脚开始后撤或后引

❹ 停球后快速衔接下一个动作

脚内侧停空中球

阶段性目标：
两人相隔5-10米，扔球人逐渐加大力量，接球人脚内侧停球，10次为准。

称谓	成功次数	成功率	编者评定
小白级	成功1-3次	30%	还需要巩固技术动作，勤加练习
新手级	成功3-5次	50%	不要靠运气停球，继续练习
选手级	成功5-7次	70%	已经掌握动作要领，勉强过关
高手级	成功7-9次	80%	可以上场比赛了
职业级	成功10次	100%	优秀球员，在场上停空中球游刃有余

入门小秘诀：
脚内侧颠球技术越好，脚内侧停空中球的学习效果越理想。今天，你练习脚内侧颠球了吗？

练一练：
一人抛球一人进行脚内侧停空中球练习。看谁的停球动作协调有效，每天练习100个脚内侧停空中球，看看你是不是队里停球最好的。

足球冷知识

足球场的呐喊声音有多大？
（背景知识：超过90分贝的声音会影响听力）
正常说话50分贝
大声呼喊80分贝
载重汽车110分贝
螺旋桨飞机起飞声音105分贝
沙尔克04队主球场呐喊声129分贝
在1米以外检测火箭发射噪音为130分贝
这就是世界第一运动的魅力。

SUPER STAR

绿茵巨星——罗纳尔多
(Ronaldo)

世界上只有一个"外星人"，那就是罗纳尔多。不管后来有多少叫"××罗纳尔多"的球员出现，世界上也只有一个罗纳尔多。

与贝利一样，巴西的贫民窟见证了又一个传奇前锋的诞生：青少年时期，罗纳尔多成名于巴西克鲁塞罗俱乐部。1994年，罗纳尔多在荷甲埃因霍温队的首个欧洲赛季，17岁的他就在33场荷甲联赛中打进30球，获得联赛最佳射手，一代巨星就此发迹。

此后，罗纳尔多先后效力过巴塞罗那、国际米兰、皇家马德里、AC米兰四支欧陆豪门球队，三次获得世界足球先生金球奖，两获欧洲金球奖。巅峰时期的罗纳尔多是所有后卫的噩梦，他的带球风驰电掣，突破犀利无比，他就是速度、技术与力量最完美的结合。

虽然在职业生涯中罗纳尔多也饱受伤病影响，但他却一次次站了起来。最终，他帮助巴西队夺得2002年世界杯冠军。他自己也获得了当届世界杯的金靴奖。

罗纳尔多被称为足坛的完美前锋，是身体能力与技术结合得最完美球员的代表，这一点至今仍无人能及。

脚内侧停触地反弹球

● 技术要点

预判足球的落地点，支撑脚踏于球的落点侧前方，膝关节弯曲，上体稍前倾并微转向停球方向，同时提起停球脚，放松踝关节，以脚内侧对准足球的反弹路线。在足球落地刚反弹离地面的瞬间，以脚内侧推压球的中上部。停球后，身体迅速跟进。

1 判断球高度

2 选择最佳支撑脚位置，身体跟上，脚内侧向下推压

● 技术特点

球场上经常会出现空中来球，脚内侧停这种空中落地球是最常用的方法，其动作简单，衔接速度快，灵活多变。

徐阳示范脚内侧停反弹球

易犯错误：
判断球下落时机不对，导致停球失败；脚内侧推压力量过大，球停下来后弹出控制范围。

3 膝关节在前，小腿后在后面

4 停球后迅速跟上

脚内侧停触地反弹球

阶段性目标：

第一阶段	掌握脚内侧停触地反弹球动作要领
第二阶段	原地向高空扔球5米，右脚（单脚）顺利停下
第三阶段	原地向高空扔球10米，右脚（单脚）顺利停下
第四阶段	训练比赛中，右脚（单脚）顺利停下高空球
第五阶段	原地向高空扔球5米，左脚（单脚）顺利停下
第六阶段	在训练中，左右脚成功停下高空球
高手阶段	在移动中，左右脚准确传球10米以上
	在比赛中，左右脚成功停下高空球并快速衔接下一个动作

SUPER STAR

绿茵巨星——容志行

容志行是20世纪70年代中国著名的国脚，绿茵场上，他头脑清醒，反应迅速，足球意识好，技术全面、娴熟，主要踢前卫、中锋和左边锋位置，是广东队和国家队的核心队员。

在数十年的职业生涯中，他给老球迷们留下无数的经典战役。然而，真正让后人敬佩与铭记的是他的球场作风，中国体育界唯一用个人名字命名的精神"志行风格"，就源自他在赛场上高超的技术和对对手充分尊重的良好赛风——勤勤恳恳，任劳任怨，刻苦训练，技术出众，从不做粗野动作，不报复对方球员，不与裁判争执。

直到今天，"志行风格"仍被称颂。在足球的王国里，容志行挥洒自如，尽情展示这项运动的美妙和动人心魄的生命力，同时，他更是球场上的儒将，绿茵高手中的谦谦君子。

脚内侧停球小游戏

跟小伙伴互相比比，谁的脚内侧停反弹球姿势最标准，效果最好。

大腿停球

● 技术要点

面向空中来球，全身放松，预判其运行轨迹，判断是否使用大腿停球动作。支撑腿微弯曲，停球腿提膝，大腿抬起，以大腿的中部对准下落的足球，适当放松大腿肌肉。在足球接触到大腿的刹那，大腿随球迅速撤引，使足球落在身前。停球后，身体迅速跟进，衔接下一个动作。

1 面向来球，支撑脚向前跨出并屈膝，接球腿膝部上提，大腿与地面平行或小于90度

● 技术特点

大腿停球技术一般运用于弧度较大的高空下落来球，或者略高于大腿高度的空中来球。大腿停球技术接触球的面积大，大腿肌肉丰厚有弹性，因此，该动作简单易做。

徐阳示范大腿停球

易犯错误：
触球大腿后引速度和时机掌握不好，缓冲效果差；
大腿停球部位，偏前或偏后，接球效果差。

② 在触球刹那后引，触球部位放松，身体迅速跟上

大腿停球

阶段性目标：

阶段性目标：
两人相隔5-10米，扔球人逐渐加大力量，接球人脚内侧停球，10次为准。

称谓	成功次数	成功率	编者评定
小白级	成功1-2次	20%-40%	还需要巩固技术动作，勤加练习
新手级	成功3-4次	60%	已成功掌握动作要领，还需勤加练习
高手级	成功5-6次	80%	恭喜你，你可以上场比赛了

练一练：
两人相距5米，一人扔球，另一人用大腿停球，看谁成功率高。每天坚持练习50组大腿停球，一个月后，面对空中球不害怕。

入门小秘诀：
大腿颠球越熟练，学习大腿停球越快速。

踢球好习惯：
爱护分队服、标志桶、足球等训练设施；训练结束后，帮助教练和队友收拾训练设施。

餐桌的神秘力量

[蛋白与肌肉的秘密]

在绿茵场上，大力抽射需要的是足够的肌肉力量，而高蛋白饮食则是形成肌肉的灵丹妙药。所以，如果参加足球训练，可以给孩子们选择一些富含优质蛋白的食物，例如：鸡蛋、瘦肉、牛肉、鱼类和豆腐！

绿茵巨星——克洛泽 (Miroslav Klose)

标志性的后空翻，强力中锋，他就是世界杯历史最佳射手——克洛泽。

儿时的克洛泽爱好广泛，足球只是他的爱好之一。甚至直到20岁时，克洛泽还在精心计划着自己的粉刷工生涯，但一份足球合同改变了他的命运。从此，德甲赛场最强大的全能攻击手诞生。

自2000年至2011年，克洛泽总共在德甲联赛出场306场，攻入121粒球并有79次助攻，直接制造了200个进球。如果说俱乐部的成绩还没有说服力，那么他在德国国家队的表现可谓战绩彪炳。克洛泽的进球帮助德国队赢得世界杯冠军，一个世界杯亚军，两个世界杯季军，一次欧洲杯亚军和一次欧洲杯季军。

克洛泽个人在世界杯决赛阶段出场24场，攻入16球，助攻4次，他还是足球史上唯一一位连续随队4次打入世界杯四强的球员。

技术全面，意识极佳的克洛泽目前还活跃在意甲赛场，他向人们展示了什么是越老越妖！

胸部停球

● 技术要点

面向空中来球，全身放松，预判其运行轨迹，判断是否使用胸部停球动作。双臂自然前伸张开呈"椅子扶手"状，双脚前后开立，重心落于双脚之间，双膝微屈。当足球运行到与胸部接触前的刹那，展腹挺胸，收紧下颚，双脚蹬地，胸部上挺，上体稍后仰，使足球弹起后落于体前。

① 盯住球，判断来球位置。球要碰到胸部的一瞬间，收下颚

● 技术特点

胸部停球技术一般运用于接胸部以上的高空来球，其接触球面积大、接球点较高，是一种在比赛中经常需要用到的停球动作，与脚部停球一样，也必须扎实掌握。

徐阳示范胸部停球

易犯错误：
收、挺时机掌握不好，缓冲的效果差；
对来球落点的判断能力差，影响动作完成。

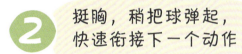

2 挺胸，稍把球弹起，快速衔接下一个动作

胸部停球

阶段性目标：
两人相隔5米，扔球人每扔一次后退1米，接球人胸部停球，5次为准。

称谓	成功次数	成功率	编者评定
小白级	成功1-2次	20%-40%	还需要巩固技术动作，勤加练习
新手级	成功3-4次	60%	已成功掌握动作要领，还需勤加练习
高手级	成功5-6次	80%	恭喜你，你可以上场比赛了

练一练：
两人相距5米，一人扔球，另一人用胸部停球，看谁成功率高。每天坚持练习50次胸部停球，一个月后熟练使用胸部停球。

想一想：
场上的哪个位置需要经常使用胸部停球？

绿茵歪果仁

动作的英语说法：

罚任意球：Free kick
例句：The ref is placing the ball for a free kick to the visiting team.
裁判员正在安排让客队罚任意球。
胸部停球：Chest
例句： Crouch chested down Pennant's cross from the right.
克劳奇接彭南特的右侧传球。

SUPER STAR

绿茵巨星——孙继海

孙继海是中国足坛的常青树，是2002年中国冲击世界杯成功的功勋球员，他镇守的右路一夫当关万夫莫开。漫漫的职业生涯中，他的勤勉和求胜欲望是所有球员的楷模。

孙继海出生于辽宁省大连市，可以出任中后卫、边后卫、后腰等多个场上位置，可以说是场上的万金油球员。孙继海技术扎实，基本功好，体能充沛，有很好的大局观，是近二十年来中国最好的边后卫。

孙继海职业生涯的最高光时刻，当属2002年加盟英超俱乐部曼城，在曼城的6年间，他出战英超联赛130场，比赛中极为顽强尽责。从一定程度上说，孙继海当时代表了中国职业球员的最高水准。2015年10月23日，作为曾在英超曼城队效力过的中国球员，孙继海正式入选了英格兰足球名人堂，在入选仪式上，到访的中国国家主席习近平在现场见证了这一时刻，并为孙继海颁奖。

值得一提的是，孙继海是首位入选英格兰足球名人堂的中国球员。当然，他也是首位在英超联赛中进球的中国球员。

2016年全国招收足球特长生高校名单

序号	学校名称
	北京
1	北京大学
2	中国人民大学
3	北京科技大学
4	中国农业大学
5	北京中医药大学
6	北京师范大学
7	北京理工大学
8	北京航空航天大学
9	北京联合大学
10	北京工业大学
	天津
1	天津师范大学
2	天津城建学院
	河北
1	石家庄经济学院
2	河北传媒学院
	山西
1	太原理工大学
	内蒙古
1	内蒙古大学
2	内蒙古师范大学
	辽宁
1	沈阳理工大学
2	沈阳工业大学
3	东北财经大学

序号	学校名称
	吉林
1	吉林大学
2	延边大学
3	吉林化工学院
4	长春师范学院
	上海
1	同济大学
2	东华大学
3	上海理工大学
4	上海工程技术大学
	江苏
1	南京大学
2	河海大学
3	南京航空航天大学
4	江苏大学
5	南京邮电大学
6	徐州师范大学
	浙江
1	宁波大学
	福建
1	华侨大学
	江西
1	南昌大学
2	江西师范大学

序号	学校名称
山东	
1	山东大学
2	青岛大学
3	青岛科技大学
4	济南大学
湖北	
1	中南财经政法大学
2	湖北大学
3	三峡大学
湖南	
1	湖南农业大学
2	湖南人文科技学院
3	国防科学技术大学
广东	
1	华南理工大学
2	广东工业大学
广西	
1	广西师范大学
2	广西民族大学
海南	
1	海南大学
2	海南师范大学

序号	学校名称
重庆	
1	西南大学
2	重庆科技学院
四川	
1	电子科技大学
2	西南财经大学
3	四川大学
云南	
1	昆明理工大学
陕西	
1	西安交通大学
2	长安大学
3	陕西师范大学
4	西安建筑科技大学
5	西安财经学院
6	西北民族大学
甘肃、宁夏、新疆	
1	甘肃政法大学
2	西北师范大学
3	宁夏大学
4	新疆大学
5	新疆师范大学

教练必读：各年龄段球员的训练指南

U6

U6阶段是指6岁以下、3岁以上的学龄前阶段，通称U6。这一阶段的儿童处于快速生长发育期，大脑及神经系统发育迅速，个性活泼好动，具有强烈的好奇心，喜欢模仿。5—6岁的儿童具有短暂控制注意力的能力，时间长度约为15分钟。注意力不持久，使这一阶段的儿童具有极大的可塑性。因此U6阶段是培养良好生活习惯和道德品质的重要时期。

● **U6训练目标**

技术

个人能够有兴趣地玩耍，双脚对球有初步感觉。

战术

能够与同伴有兴趣地玩耍，在足球游戏中知道输赢（胜负）。

身体

肢体在灵活性、协调性上有所提高。

心理

对足球活动产生喜好与兴趣。

● **U6基本训练内容**

技术部分

简单的脚部踢球和玩耍球游戏练习。

多种形式踢球、运（带）球足球游戏。

身体训练部分

借助足球游戏活动，进行多种形式的不同方向跑，如直线、曲线、折线、前进与后退跑等；跳跃、转身的基本步法和抛、接、掷球等基本动作的灵活性、协调性、身体平衡、动作节奏感的发展练习。

心理训练部分

以表扬为主，激发儿童参与足球比赛和活动的主动性和积极性，培养儿童自信心。

训练基本要求

每周训练1—2次，每次30—40分钟。

安排与年龄相适宜、形式多样的游戏和活动，激发队员的自信心和积极性。活动中应多采用正面鼓励和奖励的方法，如口头表扬或者累积贴纸、小星星到一定数量，可换取小奖品、小奖状等。

检查考核

这个年龄段没有具体内容的检查考核任务。

U7—U8

U7-U8年龄段的队员的脑功能发育处于"飞跃"发展的阶段，大脑神经活动的兴奋性水平很高，表现为爱说、爱动，注意力一般只维持20—30分钟；形象思维仍占主导，逻辑思维很不发达，很难理解抽象概念；独立性和自觉性较差，在生活、学习、游戏活动等各个方面都需要成人的监护和具体指导，几乎无条件信任老师。

处于该年龄段的队员不具备很强的理解能力，但可以接受和理解简单的技战术讲解；开始与同伴合作，偶尔会寻找队员，有意识地为其传球，但仍然不知道如何融入整体战术中。因此，在学习和训练活动中，需要引导他们去体验足球运动是一项集体运动的本质特点，在训练中设置自发无限制的游戏活动，使他们寻找到足球游戏的乐趣。教练员应多使用鼓励性语言，积极引导队员或者学生参加游戏。该年龄段是队员灵敏素质发展的敏感期，可以多采用不同的灵敏素质练习方法，发展队员的灵敏素质及反应能力。

● U7-U8训练目标

技术

球员双脚对地面球有一定的控制能力。

随着年龄的增长，队员单脚或者双脚有一定的控、颠球能力。

战术

队员有与同伴合作的初步意愿与意识。

队员有主动观察的表现，初步具备进攻与防守的基本知识运用能力。

身体

队员在灵活、协调、柔韧、速度和平衡能力上有一定提高。

心理

队员对足球的喜爱与兴趣有所增强，与同伴的交流合作有成功体验，可以承受困难与失败，有求胜的欲望。

●U7-U8基本训练内容

技术部分

以脚部及下肢为主要部位，进行多种形式的控、颠球练习。

以外脚背、脚弓、正脚背、脚内侧为主，脚掌拖拉为辅，进行运、控球基本技术的练习。

由原地、较慢运动状态逐步过渡到快速运动状态，进行脚部、大腿、胸部接、控球基本技术练习，包括地滚球、反弹球和空中球等。

多种部位（以脚内侧、正脚背、外脚背）为主进行传球、射门练习。

正面、侧面抢球时的基本身位、站位姿态与抢球方法。

战术练习部分

多种形式的限定区域和攻守目标的攻守练习。

不同得分方式与不同球门数量的小场地分队比赛（1V1、2V2、3V3等）。

身体训练部分

该年龄段是灵敏素质的敏感期，应注重综合发展灵敏素质、速度素质及柔韧性。

进行各种训练灵敏性的跑、跳跃、跨越练习和游戏比赛。

运用多种辅助训练器材，进行提高反应、平衡、协调和节奏感的身体动作练习。

发展踝关节的灵活性与柔韧性练习。

理论学习部分

主要介绍小场地比赛规则（进球、犯规、球出界、角球等）。

介绍本年龄段技战术训练要点。

介绍球星的成长经历。

观看高水平足球比赛。

训练基本要求

每周训练2—3次，每次45—60分钟，每周至少安排1次小型足球比赛。

通过游戏活动和训练，提高不同部位的运、控球能力，用适宜、多变的训练方法激发队员的参与积极性。

进行技术训练时，要特别注意动作的正确性、合理性、全面性。

通过比赛活动，让队员养成观察的习惯，培养与同伴交流沟通的能力，增强队员参与比赛的兴趣。

U9—U10

U9—U10年龄段的队员的骨骼正处于快速发育阶段：大肌肉群的发育比小肌肉群早；心肺功能相应增强，血管发展的速度大于心脏的发展速度，血液的循环量加大，新陈代谢加快；脑部的兴奋和抑制过程逐步趋向平衡。

此阶段队员集中注意力的能力有所增长，但仍处于不稳定阶段；容易被一些新奇、刺激的事物所吸引；对各种事物的感知尚不精确；记忆从无意识向有意识发展；思维以具体形象思维为主要形式向抽象逻辑思维为主要形式过渡；意志力还比较薄弱，情感很容易受外界干扰。

● **U9-U10训练目标**

技术

进一步发展身体多部位运、控球和颠、控球等熟悉球性的基本技术能力。

进一步提高快速完成传、接、运、射（脚内侧、正脚背、外脚背）及头顶球基本技术动作的规范性。

在个人防守中，掌握盯人和正面抢截的动作要领和方法。

初步培养和发展队员在活动与简单对抗过程中的完成动作合理性与实效性。

战术

通过不同形式的游戏和小场地比赛等练习，学习并初步掌握个人和小组进攻、防守的基本知识与方法。

进一步理解足球比赛获得主动（控制住球权）的基本方法与策略。

进一步培养队员在小型比赛中主动观察与有目的选择的能力。

身体

培养队员形成正确的跑、跳动作，发展身体动作的柔韧性、灵敏性、协调性和平衡能力，注重抓好柔韧、协调和平衡素质敏感期的训练，特别是注意发展队员的踝关节、膝关节、髋关节的灵活性与柔韧性。

心理

进一步培养队员对足球的喜爱与兴趣，增强自信心。

进一步培养队员认真对待学习与训练的良好态度，增强求知欲。

引导队员学会识别正确与错误。

进一步提高团队意识和集体荣誉感。

● **U9—U10基本训练内容**

技术部分

进行多种形式熟悉球性的强化练习，如颠、控球游戏比赛等。

进行左右脚（推球、拨球、踩球、扣球、挑球、假动作等）运球变向、变速、转身、过人的技术练习。

进行正面和侧面抢球练习。

战术训练部分

采用多种形式、不同区域的对抗练习，培养小球员创造和利用空间的能力。

防守时选位、压迫、盯人（紧逼与松动盯人）、盯位的基本原则与方法。

以提高队员正面（向前）运球过人和阻止对方运球过人的攻守对抗能力为主，进行多种形式的限定区域训练。

攻守目标的1V1攻守练习。

以3V3、4V4、5V5为主要手段的不同得分方式与不同球门数量的小场地比赛。

身体训练部分

以发展队员平衡、协调、灵活性能力为主，采取多种徒手体操基本动作和垫上滚、翻动作等练习。

以发展速度素质（位移速度）为主，同时注重发展队员的平衡能力、协调能力、节奏感。采取不同身体姿态、不同步幅、不同节奏、不同方向的跑动练习。

进一步加强身体各部位的柔韧性。

心理训练部分

采用形式多样、方法新颖的趣味性足球活动，激发队员团结合作、勇于争胜的态度和自信心。表扬与奖励认真完成学习与训练任务的队员。

理论学习部分

简单介绍各种形式的比赛，检验队员参与比赛的积极性、技战术运用能力和团队协作意识。

训练基本要求

每周训练2—3次，每次60—70分钟。

在训练过程中，注意引导和培养队员的团队协作意识。

技术训练中，注意技术动作的规范性。

战术训练中，着重培养1V1攻守能力。

结合技战术训练增强队员相应的身体素质。

心理训练要融汇在技战术训练和比赛活动中。

重视每次训练课的热身、放松恢复与整理活动。

U11—U12

U11—U12年龄段是球员学习和掌握规范的足球技战术知识、形成正确行为习惯的黄金年龄阶段。此年龄阶段，男女生在生理发育上开始出现较为明显的差异，身体形态发生变化，尤其女生的青春期发育通常要比男生早1—2年。身体素质具备更佳的平衡和协调能力，也是速度素质继续发展的重要阶段。

这个阶段的男女生在视觉和听觉记忆能力上也有所提高，并开始形成自我评判和讨论问题的能力，注意力水平、自信心、竞争意识、团队合作意识均处于继续提高阶段。

由于他们处于求知欲非常强烈的最佳学习阶段，易于吸收新鲜事物，尝试新的挑战，行为表现体现出较强烈的主动性特征。所以，正确地打好各方面基础非常重要。

● U11—U12训练目标

技术

进一步引导队员在活动中利用身体各个部位，提高对各种空中、反弹和地面球的准确、熟练控制力。

进一步提高队员在比赛活动中完成进攻和防守技术动作的合理性、规范性、实效性。

战术

以不同方式和不同人数的对抗和比赛形式，进一步学习、掌握和运用个人及小组进攻、防守的基本知识与方法。

提高个人及小组攻防战术的基础能力（主动观察、快速决策、合理跑位与接应同伴、保护与支援同伴）。

初步具备在比赛中攻守转换时刻快速转换的意识。

着重培养和提高队员的决策能力。

身体

提高队员快速反应、快速完成动作和身体协调控制的能力。

着重发展灵敏、协调等重要素质。

进一步提高队员身体各部位，特别是踝关节、膝关节和髋关节的灵活性与柔韧性。

心理

不断激发小球员对足球运动的热情，让他们体验成功和失败，逐步培养和提高小球员自我控制的意识和能力。

通过教育和引导，使小球员能够客观对待学习与训练过程中的困难与挑战，形成积极乐观的态度。

进一步培养、发展队员以"精益求精"对待学习与训练的态度与意识，体验与同伴配合所带来的乐趣，形成良好的团队交流和合作意识，使队员形成自觉遵守纪律的良好习惯。

孩子踢球为什么不思考？

徐阳：嗨皮，很多中国孩子踢球有个共同的最大问题，你知道是什么吗？

嗨皮：作业太多？

徐阳：不是，我是指他们踢球的时候。当我给很多孩子上足球课时，发现他们几乎面临的问题都是：踢球的时候不思考。

嗨皮：不思考？踢球时不就是把球接好、传好、带球、射门，然后庆祝吗？练习踢球，不就是把这些技术动作练好就行了吗？什么叫作不思考呢？

徐阳：我举个例子吧。比如有个练习传球的游戏，就是三个队员绕着A、B、C三点围成三角形练习传球。我布置完任务后，很多孩子都会非常认真地按照A→B→C→A的单一方向传球。

嗨皮：那不是挺好的吗？说明孩子们按照教练的要求做了呀，他们非常听话，您为什么还不满意呢？

徐阳：恰恰是"听话"这两个字害了很多孩子。因为这说明他们在踢球的时候，把自己的脑子交给了教练，自己没有真正地动脑筋去踢球。

嗨皮：哦，那怎么才叫作动脑筋，会思考地踢球呢？

徐阳：其实，教练布置了三个人传球的练习，但不意味着你只能按顺时针或逆时针的顺序完成动作。作为传球的队员，要根据当时其他队员的情况、站位等等来进行判断、思考，比如是不是A一定要把球传给B，是不是可以传给C，或者B和C两个人都没准备好（比如两人都蹲在地上系鞋带），那A可以自己带球移动，而不是盲目地传球。

嗨皮：哦，人家蹲在地上，还传球给他，这也太没头脑了吧。

徐阳：我说的是个极端的例子，但是踢球时一定要动脑筋，常思考，才能踢好球。 很多孩子却不思考，而且也不知道该思考什么，怎么思考，甚至都不明白我这么说是什么用意，有了疑问也不知道问，就自己闷头苦练，结果很多动作练错了也不知道。

嗨皮：是啊，从小家长就教育我们要做个"听话"的孩子。在学校，一堂课下来，老师经常问我们听懂了没有，但是谁敢说自己没听懂啊？那还不是得挨一顿白眼！徐指导，你有什么方法能帮助孩子们学会思考吗？

徐阳：你能踢好球，意味着你在场上的逻辑思维能力超前。

嗨皮：停、停、停！逻辑思维，我怎么听出点数学的味道？是不是还有什么方程式之类的啊？

徐阳：逻辑思维，就是依据现场的实际情况做出最合理的足球动作。逻辑思维是可以训练的，当然不是通过方程式，而是通过语言问答游戏，就可以帮助你提升逻辑思维能力。

嗨皮：语言问答游戏？说话就能提高的魔法，太棒了！

徐阳：重要的事情说三遍：进入提升球场思考力的语言游戏课，找个教练一起玩。

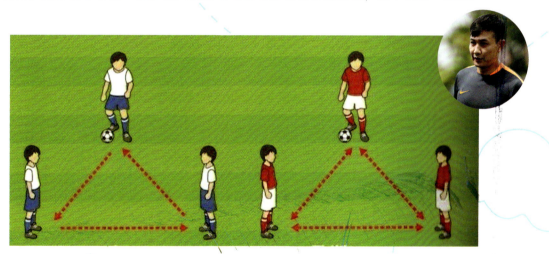

增强思考力的语言游戏

神奇的语言魔法，将提升你的逻辑思考力，

帮助你在球场上，增强判断处理球的能力。

踢足球为什么需要语言教育？

嗨皮：徐指导，语言问答是个什么东东啊？

徐阳：语言问答就是练习说话，练习沟通的技巧。

嗨皮：都说这足球是用脚踢的，您为什么这么强调说话呢？

徐阳：这是因为在我踢球时，以及后来教学的过程中，发现很多球员没法把一件事有条有理地说清楚，比如什么人干了什么事情，过程是怎样等等。在足球场上，这些人表现的就是欠缺逻辑性思考。现代足球需要身体触球的瞬间灵感，但光靠灵感是不能坚持90分钟的。足球比赛就是一个在90分钟内连续不断的逻辑思考过程，什么时候该快，什么时候该慢，什么时候该攻，什么时候该守，都需要你根据场上情况进行思考判断。而思考就少不了传达，你看小贝、梅西，他们不仅是球队的领袖，在更衣室里说一不二，面对记者的采访，他们更是滔滔不绝，对答如流。

嗨皮：一流的球员必须要有一流的口才？

徐阳：其实不仅是球员，教练更需要这项技能。当球员出现失误的时候，教练不要总是说："你怎么踢的？"而是要好好分析，找出失误的原因。

嗨皮：太好了！平常教练总是大喊大叫的，翻来覆去就那一两句话，我们也不知道究竟哪里出错了。现在有了这个魔法，那就可以让教练轻松些了。

徐阳：是的，教练员必须具备分析能力，能先根据逻辑思考、分析、推演，比如发生传球失误时，要分析问题出在传球的人还是接球的人，或者还是上一次传球出的问题等等。只有这样分析，然后传达给球员，球员才会心悦诚服地去执行教练的安排。

嗨皮：徐指导，您快教教我们吧！

语言问答游戏规则：

1. 回答提问必须是完整的一句话

2. 说话必须要有主语（我、你、他等）

3. 不要把自己的意见说成是"大家"的意见

4. 一定要陈述自己思考的根据

5. 使用5W1H方法把自己的思考的内容整理后再回答

6. 不能用"不清楚""没什么""不知道""很难说"等模糊的语言回答

7. 回答不能超出问题范围

8. 尽可能用语简短

语言问答游戏的目的：

1. 能够立刻准确地回答对方的提问

2. 能够冷静地回答连续不断的追问

3. 能够先说结论再说明理由

4. 能够对自己的想法负责

5. 能够据理力争，参与辩论

游戏：

一个好的问答案例：你喜欢足球吗？

你喜欢足球吗 　　　　喜欢足球

是谁喜欢足球 　　　　呃，是我

为什么喜欢足球 　　　因为进球得分的感觉很棒，非常兴奋，我喜欢足球。如果问我为什么，因为

把刚才的话连起来说 　只要进球得分，我就会非常兴奋，感觉很棒，像个球星。

再来看一个错误的问答案例：

你喜欢足球吗

（错误：对方没有遵守规则还继续，要重复问：是谁喜欢足球？）

嗯——

（错误：没有主语，也没有说出结论）

为什么喜欢足球

（错误：使用"其他"一次，就表示承认"不知不觉"是理由）

呃，不知不觉就喜欢了

没有其他理由吗

是怎样喜欢踢球

那，把刚才的话全部连起来说

（错误：对方回答的内容都没有整理就要连起来，需要从头再问）

因为我喜欢踢球

这个嘛，就砰的一声

可能因为踢球时，砰 砰的声音

好听，才会喜欢足球

（错误：没有主语，没有结论和理由，这样的回答很糟糕）

总 结：

　　通过上面的事例，可以看出，好的问答，逻辑清晰，有条有理。不好的回答，信息很模糊，让你听不懂。我们经常进行这样的练习，可以帮助孩子找到用清晰明确的语言表达自己真实想法的方式，让沟通交流更顺畅，也能让孩子自然而然地掌握逻辑思维的方法。

1. 遵守规则：问答游戏经常容易出现的问题是，孩子回答问题忘记时说"我"这个主语，可一旦养成省略第一人称的习惯，自我意识会越来越淡，导致说话不考虑谁能对说的内容负责、这是谁的意见等等。在欧洲，英语、德语都要求人们在对话时要意识到自我，说话要加入第一人称主语，养成这样的习惯非常重要。

2. 如果球员回答很抽象，很模糊，一定要进行深入追问：例如"快乐""幸福""舒适""有意思"等抽象的回答，这时一定要深入追问，比如"表现得怎样才会感到快乐？""什么比赛场面让你最开心？"等等，这样一来，孩子再经过回想、思考，可以引出具体的情境，让孩子通过具体的描述来提供更清晰的答案。

3. 提问的问题要明确：很多无厘头、不着边际的提问，让人无法给出清晰的答案，因此要提高提问水平，多利用5W1H方法（When何时，Where何地，Who谁，What何事，Why什么原因，How如何）。比如"在哪里发生的事情？""为什么会这么觉得？""是谁给你传球？"等等。

小贴士：

语言问答游戏是一种让人学会迅速组织对话技巧的有效训练方法。由于孩子们都喜欢游戏，因此，在进行游戏时，可以反复练习，让孩子们不知不觉学会对话沟通的方法。

视频索引

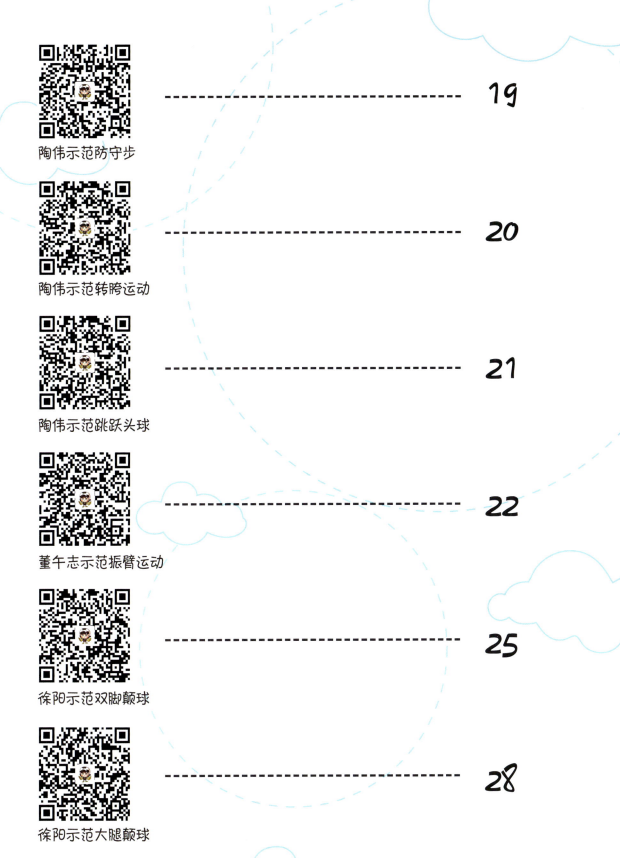

策划编辑:徐庆群

责任编辑:高 寅 刘洪兰 张一诺

封面设计:肖 辉 姚 菲

责任校对:吕 飞

图书在版编目(CIP)数据

嗨皮带你去踢球之入门级/徐阳,王兴 编著. —北京:人民出版社,2016.6

ISBN 978 - 7 - 01 - 016228 - 7

Ⅰ.①嗨… Ⅱ.①徐…②王… Ⅲ.①足球运动-教材 Ⅳ.①G843

中国版本图书馆 CIP 数据核字(2016)第 109709 号

嗨皮带你去踢球之入门级

HAIPI DAINI QU TIQIU ZHI RUMENJI

徐阳 王兴 编著

人民出版社 出版发行

(100706 北京市东城区隆福寺街 99 号)

北京尚唐印刷包装有限公司印刷 新华书店经销

2016 年 6 月第 1 版 2016 年 6 月北京第 1 次印刷

开本:787 毫米×1092 毫米 1/16 印张:9.25

字数:72 千字

ISBN 978 - 7 - 01 - 016228 - 7 定价:39.80 元

邮购地址 100706 北京市东城区隆福寺街 99 号

人民东方图书销售中心 电话 (010)65250042 65289539